Q&A

任意後見入門

弁護士 **井 上 　 元**
弁護士 **那 須 良 太**
弁護士 **飛岡恵美子**

第2版

発行 ⊖ 民事法研究会

第 2 版 は し が き

　平成25年（2013年）10月の初版から10年近く経過しました。この間、成年後見制度の理念について大きな変動がありました。すなわち、平成28年（2016年）5月に成年後見制度の利用の促進に関する法律（成年後見制度利用促進法）が施行され、これに伴う第一期成年後見制度利用促進基本計画（平成29年度～令和3年度）において、後見人による財産管理の側面のみを重視するのではなく、認知症高齢者や障害者の意思をできるだけ丁寧にくみ取ってその生活を守り権利を擁護していく意思決定支援・身上保護の側面も重視されるようになったのです。また、第二期成年後見制度利用促進基本計画（令和4年度～令和8年度）においては、「尊厳のある本人らしい生活の継続と地域社会への参加を図る権利擁護支援の推進」が掲げられ、優先して取り組む事項の一つとして、任意後見制度の利用促進があげられています。

　裁判所における手続の整備も進み、裁判所のウェブサイトで掲載されている書式も一新されています。

　このようなことから、最新の情報に基づいてアップツーデートする必要があり、第2版を刊行させていただく運びになりました。

　任意後見は、いまだそれほど多く利用されていませんが、法定後見とともに成年後見制度の両輪となる重要な制度であることに間違いはありません。

　初版と同様、任意後見制度が適切に利用され、高齢者の方が安心して老後を送られるために本書をお役立ていただけましたら幸甚です。

　令和5年7月

弁護士　井上　　元

弁護士　那須　良太

弁護士　飛岡恵美子

は し が き

　高齢になり判断能力が衰えても自分らしく生活したいという願いは誰にとっても共通のものです。この願いが叶えられるためには、本人の意思を尊重した身上監護や財産管理が行われることが必要です。

　そこで2000年（平成12年）に、本人の判断能力を補完する制度である成年後見制度が大幅に見直されました。このとき、法定後見制度（後見、保佐、補助）の改正とともに新たに設けられたのが任意後見制度です。

　法律上、任意後見は法定後見より優先されることとなっています。これは、法定後見制度では本人の判断能力が低下した後に家庭裁判所により選任された成年後見人等が事務を行うのに対し、任意後見制度では、本人に判断能力が存するうちに本人に選ばれた任意後見人が、本人の判断能力が低下した後に、本人との契約に基づいて事務を行うものとされ、本人の意向が後見事務により強く反映されるしくみとなっているからです。

　しかし、任意後見制度はいまだ十分に利用されているとはいえません。その理由はさまざまですが、解説書が少なく、制度の理解が進まないことも理由の一つではないかと思われます。

　そこで、わかりやすい解説書を発刊し制度の適切な利用を促進しようという思いから生まれたのが本書です。

　本書は、主として弁護士や司法書士などの専門職の方を対象としていますが、任意後見制度全般を平易に解説した入門書ですので、これから任意後見人を務める予定の一般の方や、さらには任意後見制度を利用しようと考えているご本人にも利用していただけるものと思います。

　わが国は、65歳以上の高齢者の人口が7％以上の高齢化社会になって久しく、2007年（平成19年）には21％を突破し、超高齢社会となりました。このような社会において、任意後見制度がより広く適切に利用され、高齢者の方が一層安心して老後を送られるために本書をお役立ていただけましたら幸甚

です。

　最後に、本書執筆の機会を与えていただきました民事法研究会の田口信義社長と企画から編集まで御担当され完成まで叱咤激励していただいた鈴木真介氏には厚くお礼申し上げます。

　平成25年10月

弁護士　井上　　元

弁護士　那須　良太

弁護士　飛岡恵美子

『Q＆A 任意後見入門〔第 2 版〕』
目　次

第 1 章　任意後見制度の概要

第 2 章　任意後見契約の締結から終了まで

第3章　任意後見人の職務

第4章　任意後見監督人

資料目次

凡例

任意後見法	任意後見契約に関する法律
後見登記法	後見登記等に関する法律
精神保健福祉法	精神保健及び精神障害者福祉に関する法律
成年後見制度利用促進法	成年後見制度の利用の促進に関する法律
家月	家庭裁判月報
判時	判例時報
判タ	判例タイムズ
金法	金融法務事情
金商	金融・商事判例

第1章　任意後見制度の概要

Q1　任意後見制度とは

任意後見制度とは、どのような制度なのですか。

A

1　任意後見制度の定義と特徴

　任意後見制度とは、本人が、判断能力が不十分となったときの自分の生活、療養看護および財産の管理に関する事務について、任意後見受任者（任意後見契約の効力が生じた後は「任意後見人」と呼ばれます。Q5参照）に代理権を付与する委任契約（任意後見契約）を締結し、本人の判断能力が不十分となった場合に、任意後見人が契約に基づいて本人の生活などを守るという制度です。

　任意後見制度には次のような特徴があります。

① 　契約は公正証書によることを要すること

② 　家庭裁判所により任意後見監督人が選任された時点から任意後見契約が効力を生じること

③ 　任意後見人は任意後見監督人の監督を受けながら事務を遂行すること

④ 　任意後見契約を締結したことや、任意後見監督人が選任されて契約の効力が生じたことなどは、登記所（法務局）で登記されること

⑤ 　任意後見人に不正行為などその任務に適しない事由があるときは、家庭裁判所は、任意後見監督人などの請求により、任意後見人を解任することができること

1

2　成年後見制度——法定後見と任意後見

(1)　成年後見制度の目的

　任意後見とは、自分の判断能力がある間に、将来自分の判断能力が低下したときに任意後見人となる人を選んでおき、実際に判断能力が低下したときに、自分に代わって任意後見人に法律行為を行ってもらう制度です。

　私たちが生活をしていくためには、さまざまな法律行為を行っています。たとえば、自宅の購入や売却、賃貸借、預貯金の出し入れ、老人ホームの入居、医療や介護サービスを受けるなどの際には、すべて「契約」などの法律行為を行うことになります。

　このような法律行為を行う際、本人に判断能力がない場合や判断能力が不十分な場合は、それが自分にとって有利か不利かの判断をすることができません。しかし、判断能力がない人や不十分な人であっても、銀行からお金をおろす、介護サービス契約を結ぶなど、さまざまな法律行為をしなければ、生活を送ることができません。したがって、本人の判断能力がない場合や低下した場合には、これらの契約を結ぶことについて本人を支える必要があります。他方、契約の相手方にとっては安心して契約できる制度が必要です。そのために設けられた制度が成年後見制度であり、任意後見制度はその一つです。

(2)　法定後見制度と任意後見制度

　成年後見制度には、法定後見制度と任意後見制度があります。

　法定後見制度とは、本人の判断能力が低下したときに、本人や親族等の申立てにより、家庭裁判所が成年後見人等を選任する制度です。

　任意後見制度とは、本人に判断能力がある間に、将来自分の判断能力が低下したときに任意後見人として生活を支える人を自分で選んでおく制度です。

　法定後見制度では、本人の意向にかかわりなく家庭裁判所によって後見人が選ばれるのに対し、任意後見制度では、自分で将来の後見人を選ぶことができる点に大きな特徴がありますし、その人にお願いする内容も自分で決め

ることができます。自分が「将来、この人に生活を守ってほしい」と信頼する人を、事前に選んでおくことができるのです。

3　任意後見と関連する制度

　任意後見制度を含む成年後見制度は、本人の判断能力が低下した後に、後見人が本人の代理人として法律行為を行うことにより本人を支える制度です。そのため、任意後見制度の範囲外のことについては、次のような制度を利用する必要があります（Q27参照）。

⑴　財産管理等委任契約

　成年後見制度は、法定後見制度・任意後見制度ともに、判断能力が低下した本人を守る制度です。身体能力が低下しても、判断能力が低下しない限り、成年後見制度により保護されることはありません。

　判断能力が低下していない場合に、他人に自分の財産や生活を守ってもらう制度として、「財産管理等委任契約」があります。これは、任意後見契約とあわせて利用されることもあります。両者をあわせて利用する類型は、任意後見契約の「移行型」と呼ばれています（Q6参照）。

⑵　見守り契約

　任意後見契約を締結しても、その後、本人と任意後見受任者との接点がなくなると、本人の判断能力が低下しても、任意後見受任者がそのことを知らず、任意後見契約が発効しないままとなることも考えられます。

　このようなことを防ぐため、任意後見契約とともに、「任意後見受任者は、本人と○週ごとの電話連絡および○カ月ごとの面談により、本人の生活状況および心身の状況を見守り、判断能力が低下した場合には速やかに家庭裁判所に対して任意後見監督人選任の審判申立てを行う」といった内容の「見守り契約」（Q27参照）を締結しておくとよいでしょう。

⑶　死後の事務委任契約

　法定後見制度・任意後見制度ともに、本人が死亡すれば後見人の職務は終

了します。そのため、後見人には、葬儀や納骨・埋葬などを執り行う権限も義務もありません。そこで、このような職務を行ってもらうために、「死後の事務委任契約」（Q27参照）が締結されることもあります。

(4)　遺　言

自分の死後における財産の処分については、任意後見契約とは別に、遺言を作成する必要があります（Q27参照）。

(5)　尊厳死宣言（リビング・ウィル）

尊厳死とは、回復の見込みのない末期状態の患者に対し、生命維持治療を差し控え、または中止し、人間としての尊厳を保たせつつ、死を迎えさせることをいいます。自分が末期状態になった際において生命維持治療を差し控えてほしい場合には「尊厳死宣言公正証書」（Q27参照）の作成を検討してください。

(6)　民事信託（家族信託）

高齢者や障害者が受益者となり、受託者に信託財産の管理処分をさせる信託契約を締結することが考えられます（Q27参照）。受益者の親族が受託者となる信託契約を、家族信託と呼ぶ場合もあるようです。受益者に成年後見等が開始した以降も、信託契約は継続し、受益者は信託契約に定められた利益を受けることができます。

しかし、受託者は、信託財産以外の財産を管理処分することはできず、また、受益者を代理して法律行為（たとえば、介護サービスを利用する契約）をすることはできません。受益者の信託財産以外の財産管理や法律行為については、成年後見制度を利用する必要があります。

4　まとめ

本書では、任意後見制度を中心としつつ、これを補完する制度についても解説します。〈成年後見制度および関連する制度の概要〉で整理しましたので、全体像を確認してください。

〈成年後見制度および関連する制度の概要〉

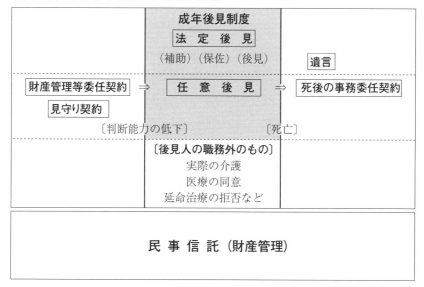

Q2　成年後見制度の理念・沿革

成年後見制度の理念・沿革を説明してください。

A

1　従前の「本人の保護」の理念と制度

　　本人が法律行為を行うためには、行為の結果を弁識（理解）するに足りるだけの精神能力、すなわち意思能力（法律行為によって異なりますが、おおむね7歳〜10歳の子どもの精神能力）を有していなければなりません。意思能力を欠く者（意思無能力者）の行った法律行為は、無効です（民法3条の2）。このため、たとえば、本人による自宅の売却が有効とされるためには、自宅を売却すれば自分のものでなくなり売却の相手方のものになることを理解する能力がなければなりません。

　また、簡単な行為であれば判断できる人でも、現代社会における取引の複雑な利害関係やしくみに対処できるだけの能力があるとは限りません。上記の例でいうと、本人に、売却価格は適正なのか、売却した後はどこに住めばよいのか、売却代金をどのように管理するのかなどについて、十分に理解して判断できる能力がなければ、大きな損害を被ってしまうかもしれません。

　そこで、判断能力がない、または不十分な人を保護する制度が必要となります。従来は、精神上の障害により判断能力が不十分である人（認知症を発症した高齢者、知的障害者、精神障害者など）を保護する制度として、民法では「禁治産」および「準禁治産」の制度が定められていました。禁治産とは、「心神喪失ノ常況ニ在ル」者、すなわち、常に意思能力喪失の状態にある者に対して後見人が選任され、後見人が禁治産者の療養看護や財産管理を行うというものでした。準禁治産とは、心神耗弱者、すなわち、意思能力はあるけれども利害を判断する能力を欠く者に対して保佐人が選任され、準禁治産

者が一定の重要な行為をする場合に保佐人の同意を要するというものでした。

　ところが、このような従来の禁治産・準禁治産の制度は、本人保護の理念に偏った硬直的な制度であるという指摘がされてきました。

2　「自己決定の尊重」などの新しい理念の登場

　一方、①自己決定の尊重（自分のことは自分で決めることができ、そのことを周囲の人が尊重していこうという理念）、②現有能力の活用（能力が低下しても、現に有する能力を最大限に活用して自分らしく生きていこうという理念）、③ノーマライゼーション（障害のある人も家庭や地域で通常の生活をすることができるような社会をつくるという理念）などの新しい理念が登場してきました。

　これらの理念のもとでは、単に成年後見人等が本人に代わって判断して本人の財産を守るのではなく、本人の判断能力が不十分になっても、本人の意向を尊重し、本人がなるべく自分の意向に沿った生き方ができるよう支援することこそが重要になります。

　そして、このような「自己決定の尊重」などの新しい理念と従来からの「本人の保護」の理念とを調和させる制度が求められるようになったのです。

3　介護保険法の改正──「措置」から「契約」へ

　従来、介護・福祉サービスは、行政による「措置」に基づき提供されていました。「措置」とは行政処分であり、行政の判断で、誰に対してどのような介護・福祉サービスが提供されるかということが決定されていたのです。このような介護・福祉サービスに関して、平成12年4月1日から施行された介護保険法による介護保険制度の導入に伴い、要介護状態に至った者が介護・福祉サービスを利用するためには、原則として、契約の締結が必要となりました。介護・福祉サービスの提供は、「措置」に基づくものから「契約」に基づくものへ変更されたのです。

　また、障害者が利用する介護・福祉サービスについても、同様に契約化が

図られました。

　しかし、判断能力が不十分な人が、自分で介護・福祉サービス利用契約を締結することは困難です。そして、このような方々の判断能力を補うための制度として、従来の禁治産・準禁治産の制度は不適切であると考えられるようになったのです。

4　成年後見制度の改正

　このように、「自己決定の尊重」などの新しい理念の登場、介護・福祉サービスの契約化という潮流のもと、平成11年に従来の禁治産および準禁治産の制度が全面的に改められることになり、平成12年4月1日、新たな成年後見制度が施行されました。

5　成年後見制度の利用促進

　平成18年12月、国連総会で「障害者の権利に関する条約」が採択され、平成26年1月、日本が批准しました。同条約12条には、障害者が生活のあらゆる側面において、他の者と平等に法的能力を有すること（2項）、法的能力の行使に当たって必要とする支援を利用するための適当な措置をとること（3項）が定められています。法的能力とは、権利能力だけではなく行為能力を含むと理解されています。

　しかし、成年後見制度において、成年後見人等が本人の意思とは関係なく代理権や取消権を行使できること、また、行使しているという実際の運用が問題となります。

　また、そのような成年後見制度の現状から、成年後見制度は必ずしも本人の利益にならないと評価され、成年後見制度の利用が進まない大きな理由となってきました。

　平成28年5月13日、成年後見制度の利用の促進に関する法律（以下、「成年後見制度利用促進法」といいます）が施行され、5年ごとに同法に基づく成年

後見制度利用促進基本計画が策定されることとなりました。また、同年10月13日、成年後見の事務の円滑化を図るための民法及び家事事件手続法の一部を改正する法律が施行されました。

　成年後見制度利用促進法においては、成年被後見人等が個人としてその尊厳にふさわしい生活を保障され、意思決定の支援が適切に行われるとともに、その自発的意思が尊重されること等の成年後見制度の趣旨が確認されています（同法3条1項）。

　第一期成年後見制度利用促進基本計画（平成29年度～令和3年度）では、「成年後見制度においては、後見人による財産管理の側面のみを重視するのではなく、認知症高齢者や障害者の意思をできるだけ丁寧にくみ取ってその生活を守り権利を擁護していく意思決定支援・身上保護の側面も重視し、利用者がメリットを実感できる制度・運用とする」とされています。

　令和2年10月、「意思決定支援を踏まえた後見事務のガイドライン」が公表されました。同ガイドラインは、上記の第一期基本計画を受け、最高裁判所、厚生労働省および専門職団体（日本弁護士連合会、公益社団法人成年後見センター・リーガルサポートおよび公益社団法人日本社会福祉士会）をメンバーとするワーキング・グループにより作成された指針です。同ガイドラインは、成年後見人等による本人らしい生活の継続と意思決定支援について、その趣旨から具体的な方法まで言及しています（Q14参照）。

　第二期成年後見制度利用促進基本計画（令和4年度～令和8年度）においては、「尊厳のある本人らしい生活の継続と地域社会への参加を図る権利擁護支援の推進」が掲げられ、優先して取り組む事項の一つとして、任意後見制度の利用促進があげられています（Q17参照）。

Q3　法定後見制度の概要

法定後見制度の概要を説明してください。

法定後見制度は、民法で定められています。本人の判断能力がない、または不十分な場合に、本人または親族（配偶者または4親等内の親族）などの申立てにより、家庭裁判所が適任と認める者を成年後見人等に選任する制度です。法定後見制度には、判断能力の程度に従い、後見、保佐、補助の三つの類型があります。

1　後　見

　法定後見のうちの「（成年）後見」は、本人が、「精神上の障害により事理を弁識する能力を欠く常況」にある場合、本人または親族（配偶者または4親等内の親族）などの申立てにより、家庭裁判所が、後見開始とともに成年後見人を選任する制度です（民法7条・8条・843条）。

　後見開始相当とされる判断能力の程度は、日常的に必要な買い物も自分ではできず、誰かに代わってやってもらう必要があるという程度です。

　成年後見人には、本人の財産に関する法律行為についての包括的な代理権（民法859条）と、日用品の購入その他日常生活に関する行為を除く法律行為の取消権（同法9条）が付与されます。

2　保　佐

　法定後見のうちの「保佐」は、本人が「精神上の障害により事理を弁識する能力が著しく不十分」な状況にある場合、本人または親族（配偶者または4親等内の親族）などの申立てにより、家庭裁判所が、保佐開始とともに保

佐人を選任する制度です（民法11条・12条・876条の2）。

　保佐開始相当とされる判断能力の程度は、日常の買い物程度は単独でできるが、重要な財産行為（不動産・自動車の売り買いや自宅の増改築、金銭の貸し借り等）は自分だけではできないという程度です。

　保佐人には、民法13条に規定されている行為（不動産の処分など）についての同意権・取消権が付与されます。また、当事者の選択により、家庭裁判所に申し立てることで、代理権付与の審判により、特定の法律行為についての代理権が付与されます（民法876条の4）。

3　補　助

　法定後見のうちの「補助」は、本人が「精神上の障害により事理を弁識する能力が不十分」な状況にある場合、本人または親族（配偶者または4親等内の親族）などの申立てにより、家庭裁判所が、補助開始とともに補助人を選任する制度です（民法15条・16条・876条の7）。

　補助開始相当とされる判断能力の程度は、重要な財産行為（不動産・自動車の売り買いや自宅の増改築、金銭の貸し借り等）について、自分でもできるかもしれないが、できるかどうか危惧がある（本人の利益のためには、誰かに援助してもらったほうがよい）という程度です。

　補助人には、申立人の選択により、家庭裁判所に申し立てることで、個別具体的に同意権・取消権（民法17条）、代理権（同法876条の9）が付与されます。ただし、本人以外の者が申し立てる場合には、補助開始、同意権・取消権付与および代理権付与には、本人の同意が必要です（同法15条・17条）。

Q4　任意後見制度創設の経緯

任意後見制度創設の経緯を教えてください。

A

1　任意後見契約に関する法律の制定・施行

　Ｑ３のとおり、法定後見制度（後見、保佐、補助）は、いずれも本人の判断能力が低下した後に、本人または親族（配偶者または４親等内の親族）などの申立てにより、家庭裁判所が成年後見人等を選任する制度です。

　これに対し、任意後見制度は、自分が契約の締結に必要な判断能力を有しているときに、信頼している人と任意後見契約を締結することにより、将来、自分の判断能力が低下した場合に任意後見人になってもらう制度です。任意後見契約により、将来の後見事務（自分の生活、療養看護および財産の管理に関する事務）について、任意後見人に一定の範囲で代理権を付与しておき、自分が実際に精神上の障害により判断能力が不十分な状況になったときに、家庭裁判所によって選任された任意後見監督人の監督のもとで、任意後見人による保護を受けることができるのです。

　平成11年に旧禁治産・準禁治産制度が新しい成年後見制度へ改正される際、任意後見について定めた「任意後見契約に関する法律」（以下、「任意後見法」といいます）も制定され、平成12年４月１日から施行されました。

2　背景事情

　英米法系諸国では、判例法上、任意代理人の代理権は、本人の判断能力が喪失すると、当然に終了するものと考えられてきました。しかし、近年、証明力の高い一定の様式・方式を具備した証書によって授権をすることにより、

本人の判断能力が喪失した後も継続して存続する代理権を任意代理人に付与することを可能にするとともに、本人の保護（任意代理人の権限濫用の防止）の観点から、本人の判断能力の喪失後における任意代理人に対する公的機関の監督のあり方を規制する法律が制定されました。イギリス、アメリカ、カナダ、オーストラリア、ニュージーランドなどで導入されています。

　これに対し、フランス・ドイツなどの大陸法系諸国の法制と同様、日本の民法では、本人（委任者）の判断能力の喪失を委任の終了事由としておらず（民法653条）、また、代理権の消滅事由ともされていません（同法111条）。すなわち、本人が判断能力を喪失しても、任意代理人の代理権は消滅しないものと考えられているのです。したがって、日本においては、英米法系諸国のように代理権の継続的存続のための立法的手当ては必要ないことになります。

　しかし、本人の判断能力が低下した後の任意代理人に対する公的機関の監督制度が存在しないために、本人が判断能力を喪失した後における任意代理人の権限濫用を防止することができないという問題がありました。そこで、任意後見法の制定により、本人の判断能力が低下した場合、家庭裁判所が任意後見監督人を選任して、任意後見監督人が任意後見人を監督する制度が創設されたのです。

Q5　任意後見制度の用語と手続

任意後見制度の用語と手続の流れを説明してください。

1　用語の説明

任意後見法では「本人」、「任意後見受任者」、「任意後見人」、「任意後見監督人」という用語が使われていますので、まず、この用語の意味について確認しておきましょう。ただし、本書では、「任意後見受任者」と「任意後見人」をあわせて「任意後見人」ということもあります。

(1)　「本人」

「本人」とは、任意後見契約の委任者であり、将来の自分の生活を守ってもらう人のことです（任意後見法2条2号）。

(2)　「任意後見受任者」、「任意後見人」

「任意後見受任者」とは、任意後見監督人が選任される前の段階の任意後見契約の受任者のことをいい（任意後見法2条3号）、「任意後見人」とは、任意後見監督人が選任された後の任意後見受任者のことをいいます（同条4号）。

　任意後見契約は、家庭裁判所により任意後見監督人が選任されることによって効力が生じるものであり、それまでの間、任意後見受任者は任意後見契約に基づく代理権を持っていません。そこで、名称自体から権限の有無が明らかになるように用語が区別されたものです。

(3)　任意後見監督人

「任意後見監督人」とは、本人の判断能力が不十分となったときに、本人や任意後見受任者などの選任の審判申立てにより、家庭裁判所が選任する者

です（任意後見法4条）。

　任意後見監督人の主な職務は、任意後見人の事務を監督し、その事務について家庭裁判所に定期的に報告することです。

2　手続の流れ

　任意後見制度を利用する場合の手続の流れを簡単に説明しましょう。

(1)　任意後見人候補者との相談

　本人は、将来自分の判断能力が低下した場合に任意後見人となって財産や生活を守ってくれる人を決め、その人と相談して、任意後見人にどのようなことを行ってもらうのかなど、任意後見契約の内容を決めます。

(2)　任意後見契約の締結

　公証人に依頼して、任意後見契約を公正証書によって締結します。任意後見契約は公証人の作成する公正証書により締結されることが必要とされています（任意後見法3条）。その理由は、①適法かつ有効な契約が締結されることを制度的に担保すること、②本人の真意を確認するため公証人の関与による確実な方式によること、③公証役場において公正証書の原本を保管することにより契約証書の改竄・滅失等を防止すること、④任意後見人の代理権の有無・範囲に関して公的機関により証明される必要性があること、⑤契約書の様式自体により一般の任意代理の委任契約との区別を明確にすること、などです。

　委任事務については代理権目録により明確にされます。代理権付与の対象となる法律行為には、①財産管理に関する法律行為（たとえば、預貯金の管理・払戻し、不動産その他重要な財産の処分、遺産分割、賃貸借契約の締結・解除など）、②身上保護に関する法律行為（たとえば、介護サービス契約、施設入所契約、医療契約など）が含まれます（Q45参照）。

(3)　任意後見登記

　任意後見契約の公正証書が作成されると、公証人は、東京法務局に任意後

見契約の登記を嘱託し、登記がなされます（任意後見契約の委任者（本人）、任意後見受任者がする必要はありません）。任意後見監督人が選任されて任意後見契約が発効し、任意後見人が事務を開始することになった場合、その権限を証明する必要がありますが、この場合、登記事項証明書を示すことによって証明することができます。

(4)　任意後見契約の発効（任意後見監督人の選任）

　本人の判断能力が低下してきたときに、任意後見受任者など法律上に定められた一定の者（本人、配偶者、4 親等内の親族、任意後見受任者）が家庭裁判所に対して任意後見監督人選任の審判申立てを行い、家庭裁判所は本人の状況や意向、任意後見受任者の適格性などについて審理し、相当と認めた場合に、任意後見監督人を選任します（任意後見法 4 条 1 項）。この選任により、任意後見契約は効力を生じ（同法 2 条 1 号）、任意後見人は任意後見監督人の監督のもとで任意後見の事務を開始することになります。

　このように、本人の判断能力が低下したからといって、直ちに任意後見契約が発効するのではなく、家庭裁判所が任意後見監督人を選任した時点から発効します。任意後見監督人に任意後見人を監督させることによって、任意後見人が代理権を濫用して行使することを防ぐためです。

　なお、本人以外の申立てにより家庭裁判所が任意後見監督人を選任するためには、原則として本人の同意が必要です（任意後見法 4 条 3 項）。

Q6 任意後見の3類型——将来型、移行型、即効型

任意後見の将来型・移行型・即効型とは何ですか。

 任意後見契約については、利用の形態によって、「将来型」、「移行型」、「即効型」の3類型があります。以下で、簡単に説明しておきましょう（Q22・23・24参照）。

1 将来型

「将来型」とは、本人の判断能力が低下した後における代理権を任意後見人に授与する任意後見契約のみを締結し、判断能力が低下する前の財産管理等委任契約を締結しないものです。任意後見契約の基本型といってよいでしょう。

2 移行型

「移行型」とは、判断能力が低下する前から任意後見受任者と財産管理等委任契約を締結して財産管理などを行ってもらい、判断能力が低下した後は家庭裁判所により選任された任意後見監督人の監督のもとで任意後見人として財産管理などを行ってもらうものです。

注意すべきこととして、財産管理等委任契約は任意後見契約とは全く別の制度であり、任意後見監督人による監督はなく、本人が受任者を監督しなければならない、ということがあります。実際、本人の判断能力が低下しているにもかかわらず、任意後見受任者が、任意後見監督人に監督されることを嫌って、任意後見監督人選任の審判申立てを行わないまま、財産管理等委任契約による受任者としての権限を濫用する事案も報告されています。そのため、財産管理等委任契約についても、第三者による監督のしくみを取り入れ

る試みが広がっています。

3　即効型

　「即効型」とは、判断能力が不十分な状況で任意後見契約を締結し、直ちに家庭裁判所に任意後見監督人選任の審判申立てをすることで、任意後見契約を発効させるものです。

　ただし、本人に、任意後見契約の内容を十分に理解して締結するだけの判断能力が必要です。任意後見契約自体は一般的には難しい内容になりますから、例外的に利用されるべき類型と思われます。

Q7　任意後見と法定後見の関係

任意後見と法定後見（後見・保佐・補助）との関係を説明してください。

任意後見制度も法定後見制度も、本人を守る制度であることは同じです。しかし、任意後見制度は「本人の意思に基づいて」後見人に代理権を与えるものであり、自己決定を尊重するという成年後見制度の趣旨により適うものであることから、法定後見制度に優先するものとされています。具体的には次のとおりです。

1　任意後見契約が締結されている場合

　任意後見契約が締結されている場合、原則として法定後見は開始しません。すなわち、任意後見契約が登記されている場合には、家庭裁判所は、「本人の利益のため特に必要があると認めるとき」でないと、後見開始の審判などをすることができないのです（任意後見法10条1項）。

　「本人の利益のため特に必要があると認めるとき」とは、①任意後見人の法的権限が不十分な場合、②任意後見人の不当な高額報酬の設定など任意後見契約の内容が不当な場合、③任意後見法4条1項3号に該当するように受任者に不適格な事由がある場合、④任意後見契約の有効性に客観的な疑念のある場合、⑤本人が法定後見制度を選択する意思を有している場合など、任意後見契約によることが本人保護に欠ける結果となる場合をいうものと解されます（高松高裁令和元年12月13日決定・判時2478号70頁・判タ1485号134頁）。

　近時、親族間の紛争を背景とする後見についての争いが相次いで現れており、任意後見と法定後見の優先関係、任意後見契約の有効性などに関する裁

判例として、上記高松高裁令和元年12月13日決定（保佐開始の審判申立てを却下）のほか、札幌高裁平成12年12月25日決定・家月53巻8号74頁（任意後見契約締結後にされた補助開始の審判申立てを却下）、大阪高裁平成14年6月5日決定・家月54巻11号54頁（保佐開始の審判申立て後、本人が任意後見契約を終結した事案において、保佐開始を認めた原審に対し、高等裁判所は、原審判を取り消して差戻し）、東京地裁平成18年7月6日判決・判時1965号75頁（先行の任意後見契約が有効、後行の任意後見契約は本人に意思能力がなかったことを理由に無効）、大阪高裁平成24年9月6日決定・家月65巻5号84頁（任意後見契約締結後の法定後見の審判申立てにつき、家庭裁判所が法定後見開始の審判申立てを却下、任意後見監督人を選任する旨の審判をしたが、高等裁判所は、「本人の利益のために特に必要があると認められるとき」にあたるとして、原審判を取り消して差戻し）、福岡高裁平成29年3月17日決定・判時2372号47頁（任意後見監督人選任の審判申立てと法定後見開始の審判申立ての競合につき、法定後見開始）、水戸家裁令和2年3月9日審判・判時2490号44頁・判タ1480号253頁（後見開始の審判申立ての後、任意後見契約を締結して任意後見監督人選任の審判申立てがされた事案において、法定後見開始）、広島高裁令和2年8月3日決定・判時2495号63頁（保佐開始の審判がされ、その抗告審係属中に被保佐人本人が任意後見契約を締結した場合において、「本人の利益のため特に必要がある」として保佐開始の審判が維持）などがあります。

2　法定後見が開始されている場合

　法定後見が開始されている場合であっても、任意後見監督人選任の審判申立てがあれば、法定後見による保護を継続することが「本人の利益のため特に必要があると認めるとき」を除き、家庭裁判所は任意後見監督人を選任して任意後見契約を発効させ、法定後見開始の審判を取り消すこととされています（任意後見法4条1項2号・2項）。

Q8　任意後見を利用すべき場合

どのような場合に任意後見を利用すべきなのでしょうか。

A

1　自分の意思どおりに処理してほしい場合

　　法定後見における成年後見人等（成年後見人・保佐人・補助人）は、本人の意思を尊重して後見事務を行いますが、成年後見人等がどのような事務を行うか（どのような権限を持つか）ということについては家庭裁判所が決定しますから、本人の意思に基づくわけではありません。

　また、本人の判断能力はすでに不十分な状況になっていますから、たとえば本人が孫などへの財産的な援助を継続したいと思っているような場合に、成年後見人等にその希望を伝えることができないことも考えられます。

　任意後見ならば、本人が事前に自分の希望を詳細に伝えておくことにより、希望する財産管理や身上保護を、本人の望む人に委ねることが可能ですので、より本人の意思に基づいた後見事務を実現することが可能となります。

2　自分が信頼する人に任せたい場合

　任意後見であれば、自分の希望する人に財産の管理や身上保護を任せることができます。法定後見の場合でも、家庭裁判所は本人の希望をある程度考慮しますが、希望どおりの人を成年後見人等に選任してくれるとは限りません。本人が任せる人を自分で選びたい場合には、任意後見を利用すべきでしょう。

　なお、任意後見人は、任意後見契約に従って、財産管理や身上保護を行い、その結果を定期的に任意後見監督人に報告しなければなりません。また、対

立する親族がいる場合には、財産管理や身上保護の方法についてクレームを受けたり、法的責任を問われる可能性もあります。このような負担を考えると、親族ではなく、第三者の専門職を任意後見受任者とすることも検討するとよいでしょう（Q11参照）。

3　法定後見開始の審判申立てが迅速に行われないおそれがある場合

　法定後見開始の審判申立てをできる親族がいない場合や疎遠である場合には市区町村長が申し立てることとなります（老人福祉法32条、知的障害者福祉法28条、精神保健福祉法51条の11の2）。しかし、必ずしも迅速な申立てがなされるとは限りません。また、検察官が申立てをすることもできますが（民法7条・11条・15条）、極めて例外的です。

　これに対し、任意後見受任者は、必要に応じて速やかに法定後見開始の審判申立てを行うことができます（任意後見法10条2項）。

Q9　任意後見契約を締結することができる者

どのような人が任意後見契約を締結することができるのですか。

1　契約締結能力があれば誰でも締結できる

任意後見契約という契約を締結するわけですから、契約締結能力（本人が契約の性質および効果を理解するに足りる能力）が必要です。これを有している人なら誰でも任意後見契約を利用することができます。

未成年者も任意後見契約を締結することはできますが、法定代理人の同意が必要です（民法5条）。ただし、本人が未成年者の場合には任意後見監督人の選任はできないとされていますので（任意後見法4条1項1号）、成年に達しないと任意後見契約を発効させることができません。本人が未成年の場合の本人の保護は、親権者または未成年後見人が担うことになります。

外国人も任意後見契約を締結することができます。

2　判断能力が不十分な場合

判断能力が不十分な人であっても、契約締結能力がある限り、任意後見契約を締結することが可能です。

公証人は、嘱託を受けた任意後見契約に無効、行為能力制限による取消しなどの事由があるときは、公正証書を作成することができません（公証人法26条）。そこで、本人の事理を弁識する能力に疑義があるときは、任意後見契約の有効性が訴訟や審判で争われた場合の証拠の保全のために、本人が契約の性質および効果を理解するに足りる能力を有することを証すべき診断書等の提出を求め、証書の原本とともに保存し、または本人の状況等の要領を

録取した書面を証書の原本とともに保存するものとされています（「民法の一部を改正する法律等の施行に伴う公証事務の取扱いについて」平成12年3月13日法務省民一第634号民事局長通達）。

3　すでに法定後見が開始している場合

　本人がすでに法定後見制度により成年被後見人、被保佐人もしくは被補助人となっている場合であっても、契約締結能力を有しているのであれば、任意後見契約を締結することができます。

　家庭裁判所は、このような者が締結した任意後見契約に基づいて任意後見監督人を選任する場合には、後見開始、保佐開始または補助開始の審判を取り消さなければなりません（任意後見法4条2項）。任意後見契約が本人の意思に基づく以上、その意思に沿うことが、自己決定を尊重するという成年後見制度の趣旨に適うからです。

　ただし、本人について後見が開始している場合には、契約締結能力がないと判断されることが多いと思われます。

Q10　親なき後の障害者支援

子どもが知的障害者である場合に、子どもの将来を守るために、成年後見制度（任意後見や法定後見）を利用することはできますか。

子が未成年者のときは、親は親権者として子の生活を支えることができます。

そして、子が成人した後は、以下のような成年後見制度の利用が考えられます。

1　親についての成年後見制度の利用

(1)　親から子に対する財産的援助（任意後見および法定後見）

親が元気なうちは、知的障害や精神障害のある子に対して財産的な援助を行うことができますが、親自身の判断能力が低下してきた場合にはこのような援助を行うことは困難です。また、親について法定後見等が開始した場合、成年後見人等は子に対する財産的援助を親が行っていたのと同じように行ってくれるとは限りません。

そこで、このような場合に備えて、親自身が任意後見契約を締結し、任意後見受任者に対して、親の判断能力が低下して任意後見契約が発効した後も子に対する援助を続けるよう依頼しておけばよいでしょう。

親が死亡した後の子に対する財産的援助については、子に財産を相続させる旨の遺言を作成する、信託契約を利用して子に定期的に財産が渡されるようにする、などの方法があります。

(2)　親から子に対する子の法律行為に関する援助

事実上、親が子に代わって法律行為（施設入所契約などの介護サービス契約や財産管理）を行っている場合があります。

　しかし、親は、当然には子の法律行為に関する代理権を有しませんので、子から個別の法律行為について代理権が授与されなければ、子の法律行為を代理することはできません。

　したがって、親が任意後見契約を締結したとしても、任意後見受任者に対して子の法律行為を代理することを依頼することはできません。

(3)　親から子に対する身の回りの世話などの介護行為

　親は、子の生活の世話（着替え、入浴の手助け、外出への同行など実際の介護行為）を行っていることが多いでしょう。

　しかし、このような介護行為自体は、任意後見契約の対象とはなりません。

　したがって、親が任意後見契約を締結したとしても、任意後見受任者に対して子の生活の世話などの介護行為を依頼することはできません（Q12参照）。

2　子についての成年後見制度の利用

　子が親から経済的援助を受けても、また、子自身が資産を有するとしても、子の生活を支えるためには、その財産を適切に利用して法律行為を行う者の存在が必要です。

(1)　任意後見の利用

　子に契約締結能力がある場合には子が任意後見契約を締結し、子に契約締結能力がない場合でも子が未成年の場合には親が親権に基づいて子に代わって任意後見契約を締結することもできるとされています。

　しかし、このような場合、本当に子の意思が反映されているのか疑問であり、子の任意後見契約については慎重に行うべきと思われます。

(2)　法定後見の利用

　子が成年に達している場合、速やかに子の法定後見開始の審判を申し立て、親を成年後見人等に選任してもらって、成年後見人等として子の生活を支えることが望ましいでしょう。

　さらに、この場合、親とともに第三者を成年後見人等に選任してもらうことも考えられます。このようにすると、親自身の判断能力が低下した場合や亡くなった場合でも、第三者の成年後見人等に成年後見人等としての職務を引き続き行ってもらうことができますし、親が元気なうちに第三者の成年後見人等に子と十分なコミュニケーションをとってもらうことにより、より継続的な後見事務を行ってもらうことが期待できます。

Q11　任意後見人の候補者

誰に任意後見人になってもらえばよいのですか。

　原則として誰でも任意後見人になることができます。ただし、任意後見受任者に不適任な事由があると、任意後見契約は発効しませんので、注意が必要です。

1　任意後見受任者に不適任な事由

　まず、任意後見人として不適任な事由のある者を任意後見受任者として任意後見契約を締結しても、任意後見監督人が選任されず、任意後見契約は発効しません。任意後見契約締結の時点で、将来、任意後見受任者にこれらの事由が発生する可能性があるのなら、その人を任意後見受任者として任意後見契約を締結することは避けるべきでしょう。

　不適任な事由とは、次のとおりです。

①　未成年者（任意後見法 4 条 1 項 3 号イ、民法847条 1 号）

　　未成年者を任意後見受任者として任意後見契約を締結することはできますが（ただし、法定代理人の同意を得るか、法定代理人が契約を締結することになります）、任意後見契約を発効させるためには、任意後見受任者が成年に達していなければなりません。未成年者は判断能力が未熟であるため、任意後見人の職務に適しないからです。

②　家庭裁判所で免ぜられた法定代理人、保佐人または補助人（任意後見法 4 条 1 項 3 号イ、民法847条 2 号）

　　任意後見受任者が本人の法定代理人、保佐人または補助人を免ぜられた者である場合、任意後見契約が発効する余地はありません（ここでいう法定代理人には、成年後見人も含まれます）。すでに後見人として人格な

いし能力の点で適性を欠くことが家庭裁判所によって認定されており、任意後見人としても適性を欠くことが当然に予測されるからです。

③　破産者（任意後見法4条1項3号イ、民法847条3号）

自己の財産に関する財産管理権を喪失した者が、他人の財産管理等を職務とする任意後見人としての適性を欠くことは明らかといえるからです。

④　行方の知れない者（任意後見法4条1項3号イ、民法847条5号）

任意後見契約を締結した後、任意後見受任者が行方不明になってしまえば、任意後見契約は発効しません。任意後見人は本人を守ることが職責ですから、当然のことです。

⑤　本人に対して訴訟をし、またはした者、およびその配偶者並びに直系血族（任意後見法4条1項3号ロ）

本人に対して任意後見受任者が訴訟をした場合はもとより、任意後見受任者の配偶者（夫、妻）や直系血族（祖父母、両親、子、孫など）が訴訟をした場合であっても、任意後見契約は発効しません。任意後見人としての適切な職務遂行を期待することが難しいと考えられるからです。

⑥　不正な行為、著しい不行跡その他任意後見人の任務に適しない事由がある者（任意後見法4条1項3号ハ）（Q31参照）

「不正な行為」とは、本人の財産の使い込みをしたような場合が典型例です。任意後見受任者がこのような行為をした場合には、当然、任意後見人になることはできません。これとともに「著しい不行跡その他任意後見人の任務に適しない事由がある者」も欠格事由とされているのは、判断能力の不十分な本人の保護という任意後見人の職責の重要性および権限濫用による被害の重大性を考慮し、直接には職務に関係しないことであっても、それが著しく不適切なものである場合には、本人保護の観点から、任意後見人としての適格性を欠くと考えられるからです（小林昭彦ほか編著『新成年後見制度の解説〔改訂版〕』280頁）。

2　誰に任意後見人になってもらえばよいのか

　それでは、具体的には誰に任意後見人になってもらえばよいのでしょうか。

　上にあげた欠格事由のほかに、任意後見人となるための法律上の制限はありませんから、誰になってもらってもかまいません。

　一般には、本人の親族、友人、知人が最も多いようです。親族などは安心感があり、また、任意後見人としての報酬も無償あるいは低額で行ってもらうことができるというのが理由と思われます。

　親族などがいない場合や、いたとしても、複雑な財産管理などを行ってもらうことができるような人がいない場合には、弁護士や司法書士などの専門職に依頼する方法もあります。各都道府県の弁護士会、公益社団法人成年後見センター・リーガルサポートなどに相談すれば、弁護士や司法書士などを紹介してくれます。ただし、専門職に依頼した場合には報酬が発生することに留意してください。

3　法人の任意後見人

　一般社団法人、NPO 法人、社会福祉法人、株式会社などの法人も任意後見人になることができます。

　後見事務は長期にわたる可能性があるところ、法人であればそういった長期の後見にも対応できるという長所もありますが、一方で、担当者によっては責任感が低下するのではないかとの懸念も指摘されています。

　本人と任意後見受任者となる法人との間で、すでに契約関係（施設の入所契約や介護サービス契約など）がある場合や、将来契約関係が生じる可能性がある場合には、利益相反となる可能性があるので避けるべきでしょう。

　また、同様に、本人と契約関係がある、または将来契約関係が生じる可能性のある法人の役員、従業員や顧問弁護士、顧問税理士なども避けるべきでしょう。

4　複数の任意後見人

　任意後見契約において、複数の任意後見人を選任することも可能です。事務分掌方式（たとえば、財産管理はＡ、身上保護はＢに委任する）やリレー方式（たとえば、任意後見人Ａが死亡・高齢などの理由で職務を行うことができなくなったときには任意後見人Ｂが職務を行う）があります（Q26参照）。

Q12　任意後見人の職務

任意後見人には何を依頼することができるのですか。

A

1　生活、療養看護、財産の管理に関する法律行為

　任意後見契約とは、本人が任意後見人に対して、「自己の生活、療養看護及び財産の管理に関する事務の全部又は一部を委託し、その委託に係る事務について代理権を付与する委任契約」です（任意後見法2条1号）。すなわち、委託する事務の内容は「自己の生活、療養看護及び財産の管理」ですが、任意後見人が行う事務は事実行為ではなく、本人の代理人としての法律行為です。

　したがって、たとえば、実際の介護行為は任意後見人の職務ではなく、介護サービス契約を締結することが職務となります。ただし、任意後見人は、どのような事業者と介護サービス契約を締結するのか、あるいは、どのような介護サービスの内容にするのかなどを判断しなければならないのですから、単に契約を締結するだけではなく、本人のために、たとえばどのような施設があるのか、どのような介護サービス事業者がいるのか、どのような介護を受けるのが適切なのか、などについて調べなければならないのは当然のことです。

2　任意後見人に委託することができる事務の具体例

　以下に、任意後見人に委託する事務の具体例を掲げてみます。任意後見契約を締結する際、このような項目を代理権目録に記載して委任します。

　委託する事務の具体的内容はQ34以下に、代理権目録の書式はQ25に掲載

していますので参照してください。

（1）**財産管理に関する事務**

①　財産の管理・保存・処分などに関する事項
　　ⅰ　土地や建物の管理・保存・売却
　　ⅱ　賃貸借契約の締結・変更・解除
　　ⅲ　担保権の設定契約の締結・変更・解除

②　金融機関との取引に関する事項
　　ⅰ　預貯金の管理
　　ⅱ　振込依頼・払戻し
　　ⅲ　口座の変更・解約

③　定期的な収入の受領、および費用の支払いに関する事項
　　ⅰ　定期的な収入（家賃・地代、年金・障害手当その他の社会保障給付など）の受領
　　ⅱ　定期的な支出を要する費用（家賃・地代、公共料金、保険料、ローンの返済金など）の支払い

④　生活に必要な送金および物品の購入などに関する事項
　　ⅰ　生活費の送金
　　ⅱ　日用品の購入その他日常生活に関する取引
　　ⅲ　日用品以外の生活に必要な機器・物品の購入

⑤　相続に関する事項
　　ⅰ　遺産分割または相続の承認・放棄
　　ⅱ　贈与もしくは遺贈の拒絶または負担付きの贈与もしくは遺贈の受諾、寄与分を定める処分調停・審判の申立て、遺留分侵害額の請求

⑥　保険に関する事項
　　ⅰ　保険契約の締結・変更・解除
　　ⅱ　保険金の受領

⑦　証書などの保管および各種の手続に関する事項
　　ⅰ　登記済権利証、実印・銀行印・印鑑登録カードなどの保管・使用
　　ⅱ　株券などの保護預り取引に関する事項
　　ⅲ　登記の申請
　　ⅳ　供託の申請
　　ⅴ　住民票、戸籍謄抄本、登記事項証明書その他の行政機関の発行する証明書の請求
　　ⅵ　税金の申告・納付

（2）**身上保護に関する事務**

① 介護サービス契約その他の福祉サービス利用契約などに関する事項

 ⅰ 介護サービス契約（介護保険制度における介護サービスの利用契約、ヘルパー・家事援助者などの派遣契約などを含む）の締結・変更・解除および費用の支払い

 ⅱ 要介護認定の申請および認定に関する承認または異議の申立て

 ⅲ 介護サービス契約以外の福祉サービスの利用契約の締結・変更・解除および費用の支払い

 ⅳ 福祉関係施設への入所に関する契約（有料老人ホームの入居契約などを含む）の締結・変更・解除および費用の支払い、福祉関係の措置（施設入所措置を含む）の申請および決定に関する異議申立て

② 住居に関する事項

 ⅰ 居住用不動産の購入・処分

 ⅱ 借地契約・借家契約の締結・変更・解除

 ⅲ 住居などの新築・増改築・修繕に関する請負契約の締結・変更・解除

③ 医療に関する事項

 ⅰ 医療契約の締結・変更・解除および費用の支払い

 ⅱ 病院への入院に関する契約の締結・変更・解除および費用の支払い

(3) **以上の各事項に関して生ずる紛争の処理に関する事項**

以上の事項に関して生ずる紛争についての

 ⅰ 裁判外の和解（示談）

 ⅱ 仲裁契約

 ⅲ 行政機関などに対する不服申立て

 ⅳ 任意後見受任者が弁護士である場合には訴訟行為

3　任意後見人の職務にならない事務

　次のような事項は、任意後見人の職務とすることはできないと解されています。

(1) 介護などの事実行為

　任意後見人の事務は法律行為に限られますから、介護や日常的な身の回りの世話などの事実行為は含まれません。事実行為を依頼するためには、それを委託する旨の準委任契約を、任意後見契約とは別に締結する必要があります。

⑵　死後の事務

死後の事務（葬儀や埋葬など）も任意後見人の事務にはなりませんので、これらを依頼する場合には、別途、死後の事務委任契約（Q27参照）を締結する必要があります。

⑶　医的侵襲についての諾否

医療契約の締結や費用の支払いは任意後見人の事務となりますが、手術や身体組織の一部切除など、重大な医的侵襲についての諾否の決定権限を任意後見人に付与することはできないと考えられています。

⑷　延命治療を拒絶する権限の委託

延命治療を拒絶する権限を委託することもできないと考えられています。延命治療を拒絶するためには、別途、尊厳死宣言（リビング・ウィル）の公正証書（Q27参照）を作成する必要があります。

⑸　身元保証

施設入所契約や入院契約を締結する際には、身元保証が求められることが多いようです。しかし、身元保証を行うと、将来、本人と任意後見人との利害が対立することが考えられるため、任意後見人が身元保証を行うことは不適切と考えられます（Q45・46参照）。

Q13　任意後見人の身上配慮義務等

任意後見人の身上配慮義務とは何でしょうか。

任意後見人は、任意後見人の事務を行うにあたっては、本人の意思を尊重し、かつ、その心身の状態および生活の状況に配慮しなければなりません（任意後見法 6 条）。すなわち、①本人の意思を尊重すること、②本人の心身の状態および生活の状況に配慮することが義務とされているのです（身上配慮義務）。

　ちなみに、成年後見人についても同様の規定がありますが（民法858条）、任意後見人は、包括的代理権を有する成年後見人とは異なり、授与された代理権の範囲内で身上配慮義務を負うことになります。

　任意後見人の職務を行うにあたっては、「本人の意思を尊重すること」が必要ですから、たとえば、十分な資産があるなら、本人が自宅での居住を望む場合には介護サービスなどの利用料が高額になっても本人の希望に沿うべきでしょうし、車椅子での旅行を希望するならその手配をするべきです。資産を相続人に残すことよりも、本人の生活のために支出することが重要と思われます。

　法定後見は本人の判断能力が不十分なときや判断能力が低下した後に選任されるものですから、特に第三者である弁護士・司法書士などの専門職が成年後見人等に就任した場合には、本人の意思を十分に確認できないこともあります。これに対し、任意後見は本人の判断能力が低下する前に契約が締結されるのですから、その際に本人の意思を確認することができ、「自己決定の尊重」という成年後見制度の理念に、より適うものといえます。任意後見契約締結の際に本人とよく相談して「ライフプラン」を作成しておくことも重要です（Q19参照）。

　また、本人の判断能力が低下した場合は、本人が必要な事項を決定できるように、他の支援者らと連携しながら、本人に情報提供や助言をしたり、本人が理解しやすい方法を検討し、本人の意思、意向を尊重することになります（意思決定支援、Q14参照）。

Q14　意思決定支援

意思決定支援とは何でしょうか。また、どのように行えばよいでしょうか。

1　意思決定支援

A　意思決定支援は、「障害者の権利に関する条約」により明示され、成年後見制度の利用促進の基本的理念としてあげられています（成年後見制度利用促進法3条）。成年後見制度の自己決定の尊重の理念や、成年後見人等の本人の意思を尊重する義務を、実効あるものとするために必要な活動です。意思決定とは、ある目標を達成するために、複数の選択可能な手段の中からその一つを選択することをいいます。

そして、意思決定支援とは、「特定の行為に関し本人の判断能力に課題のある局面において、本人に必要な情報を提供し、本人の意思や考えを引き出すなど、後見人等を含めた本人に関わる支援者によって行われる、本人が自らの価値観や選好に基づく意思決定をするための活動」をいいます（後記「意思決定支援を踏まえた後見事務のガイドライン」参照）。意思決定支援は、本人以外の者（成年後見人等を含む）が決めた結論に誘導したり、説得したりすることではありません。

意思決定支援の指針としては、「障害福祉サービス等の提供に係る意思決定支援ガイドライン」（厚生労働省・平成29年）、「認知症の人の日常生活・社会生活における意思決定支援ガイドライン」（厚生労働省・平成30年）、「身寄りがない人の入院及び医療に係る意思決定が困難な人への支援に関するガイドライン」（令和元年）および「『身寄りがない人の入院及び医療に係る意思決定が困難な人への支援に関するガイドライン』に基づく事例集」（令和4

年）、「意思決定支援を踏まえた後見事務のガイドライン」（意思決定支援ワー
キング・グループ・令和2年）が公表されています。

2　成年後見人等としての意思決定支援を行う局面

　任意後見人の職務として意思決定支援をする必要があります。

　成年後見人等は、重要な事項については、直接に意思決定支援について関
与します。たとえば、施設に入所するか否か（Q46参照）、自宅を処分する
か否か（Q45参照）、贈与や援助をするか否か、を決める場面です。

　日常的な事項については、成年後見人等は、介護者等によって本人の意思
決定が適切に支援され、表明されている意思が十分に尊重されているかどう
かを把握し、必要があれば改善を求めることになります。

3　意思決定支援を踏まえた後見事務のガイドライン

　意思決定支援についての後見事務における指針としては、令和2年10月、
最高裁判所、厚生労働省および専門職団体（日本弁護士連合会、公益社団法人
成年後見センター・リーガルサポートおよび公益社団法人日本社会福祉士会）を
メンバーとする意思決定支援ワーキング・グループにより作成された「意思
決定支援を踏まえた後見事務のガイドライン」が公表されています。

　同ガイドラインには、意思決定支援の趣旨や原則（後掲）が示されるとと
もに、意思決定支援をするチームのつくり方、本人へのアプローチの仕方、
本人が表明した発言の評価方法、本人の意思決定を実現できない場合の対応
や、意思決定支援の各段階において利用できるアセスメントシート（後掲）
等の具体的な方法が記載されています。

〈意思決定支援の原則〉

（「意思決定支援を踏まえた後見事務のガイドライン」より抜粋）

第1　全ての人は意思決定能力があることが推定される。

第2　本人が自ら意思決定できるよう、実行可能なあらゆる支援を尽くさなければ、代行決定に移ってはならない。

第3　一見すると不合理にみえる意思決定でも、それだけで本人に意思決定能力がないと判断してはならない。

第4　意思決定支援が尽くされても、どうしても本人の意思決定や意思確認が困難な場合には、代行決定に移行するが、その場合であっても、後見人等は、まずは、明確な根拠に基づき合理的に推定される本人の意思（推定意思）に基づき行動することを基本とする。

第5　①本人の意思推定すら困難な場合、又は②本人により表明された意思等が本人にとって見過ごすことのできない重大な影響を生ずる場合には、後見人等は本人の信条・価値観・選好を最大限尊重した、本人にとっての最善の利益に基づく方針を採らなければならない。

第6　本人にとっての最善の利益に基づく代行決定は、法的保護の観点からこれ以上意思決定を先延ばしにできず、かつ、他に採ることのできる手段がない場合に限り、必要最小限度の範囲で行われなければならない。

第7　一度代行決定が行われた場合であっても、次の意思決定の場面では、第1原則に戻り、意思決定能力の推定から始めなければならない。

〈資料01〉【様式1】　個別課題発生時における意思決定支援のためのアセスメント
シート
（「意思決定支援を踏まえた後見事務のガイドライン」より抜粋）

【様式1】　個別課題発生時における意思決定支援のためのアセスメントシート

Ⅰ．全体の概要

本　人		記入者		本人との関係	
テーマ （課題となる意思決定）					
このテーマが生じ た経過概要					

Ⅱ．支援環境の調整等（日時、方法、場所を記入　　　　　　　　　　　　　　　）

検討したメンバー	

意思決定に関する課題の検討内容

□ミーティング開催趣旨の確認　　　　　　　　□本人が望むコミュニケーション方法の検討
□本人が安心できる時間、場所、開催方法の検討　　□その他（　　　　　　　　　　　　　）
□本人が安心できる支援者の検討

支援者が本人の理解、記憶、比較検討を支援するために、ⅢやⅣで行う工夫　　　検討をした項目を○で囲む

本人の真意を探る　　開かれた質問で尋ねる　　本人に説明させその理解を確認する
選択肢につき比較のポイントを示す　　文字にする　　図や表を使う　　ホワイトボード等の使用
他者からの不当な影響の排除　　コミュニケーションに時間をかける
時の経過や状況により意思が変化することを許容する　　意思決定を強いない
再度の確認（重要な決定の場合）　　その他（　　　　　　　　　　　　　　　　　　）

決定事項、役割分担、今後の動き方

Ⅲ．ミーティング前の本人への趣旨説明　（日時、方法、場所を記入　　　　　　　　）

説明した人	
説明の内容	□趣旨説明　□参加メンバーの選定　□本人の好みや価値観の把握　□意思意向の確認
Ⅱで検討した 支援の実施	□実施できた □実施できなかった　理由：
本人の考え 意見や希望	
Ⅲを終えⅣを どう工夫するか	

Ⅳ．本人を交えたミーティング　（日時、方法、場所を記入　　　　　　　　　　　）

参加メンバー	
検討の内容	
支援者の姿勢 （全てチェッ クが付くよう に支援する）	□支援者らの価値判断を先行させていない。□本人の理解と支援者らの理解に相違はない。 □選択肢を提示する際の工夫ができている。□決断を迫るあまり、本人を焦らせていない。 □本人の表明した意思が、これまでの本人の生活歴や価値観等から見て整合性がある。 □意見を表明しにくい要因や他者からの「不当な影響」はない。
Ⅱで検討した 支援の実施	□実施できた □実施できなかった　理由：
本人の考え 意見や希望	
具体的な結論	
再度意思決定 支援を行う必 要性	□ある（支援者らの評価・解釈に大きな相違や対立がある、意思に揺らぎが見られるなど） 理由： □なし

Ⅴ．その後の状況

【基本原則】
第1　全ての人は意思決定能力があることが推定される。
第2　本人が自ら意思決定できるよう、実行可能なあらゆる支援を尽くさなければ、代行決定に移ってはならない。
第3　一見すると不合理に見える意思決定でも、それだけで本人に意思決定能力がないと判断してはならない。

〈資料02〉【様式２】　個別課題発生時における意思決定能力のアセスメントシート

【様式２】　個別課題発生時における意思決定能力のアセスメントシート

Ⅰ．概要

本　人		記入者		本人との関係	
テーマ （課題となる意思決定）					
過去の支援状況	□【様式１】添付				
実施日	年　　月　　日　　時　　分〜　　時　　分　場所（　　　　　　　）				
検討メンバー					

Ⅱ．意思決定能力アセスメント

前提（決定期限）	意思決定の期限が迫っており、これ以上延長できない状態か？ □延長できない（期限：　　年　　月　　日まで） □延長できる　➡　【様式１】へ戻る。
A 意思決定を行う場面で通常必要と考えられる４要素につき満たされないものがあるか？	□本人が関連情報について理解できなかった □本人が関連情報について記憶保持できなかった □本人が関連情報について比較検討できなかった □本人が意思を表現できなかった 根拠：
B 支援者側が上記期限までに実行可能な意思決定支援を尽くしたか？	□期限までに可能な支援は全て尽くした 支援内容： □実行可能な支援が残されている　➡　【様式１】へ戻る。

➡上記アセスメントの結果、
　□A・Bいずれも当てはまる（支援を尽くしても、意思決定を行う場面で通常必要と考えられる４要素のうち満たされない要素がある）
　　⇒本人は、その時点で、その課題について意思決定をすることが困難と評価される
　　意思推定アプローチ（様式３）へ
　□それ以外
　　⇒意思決定支援に戻る（様式１）

【基本原則】
第２　本人が自ら意思決定できるよう、実行可能なあらゆる支援を尽くさなければ、代行決定に移ってはならない。

〈資料03〉【様式3】　意思推定に基づく代行決定に関するアセスメントシート

【様式3】　意思推定に基づく代行決定に関するアセスメントシート

Ⅰ．概要　□【様式2】と同じにつき記載省略

本　人		記入者		本人との関係	
テーマ（課題となる意思決定）					
過去の支援状況	□【様式1】添付　□【様式2】添付				
実施日	年　　月　　日　　時　　分〜　　時　　分　場所（　　　　　　　）				
検討メンバー					

Ⅱ．意思推定に基づく代行決定を行うにあたっての検討

前提（決定期限）	意思決定の期限が迫っており、これ以上延長できない状態か？ □延長できない（期限：　　年　　月　　日まで） □延長できる　➡　【様式1】へ戻る。
本人が自ら意思決定をすることができたとすれば、どのような意思決定を行うかを推定できるか？	□推定可　➡　<u>推定意思の内容</u> □推定困難　➡　<u>理由</u>
本人の意思推定のために明確な根拠となり得るエピソード、情報提供者、関連資料など	
代行決定に当たっての留意事項 ※チェックできない項目がある場合には、第1〜第3原則に沿った支援ができていたかどうか、チームで再度検討してください。	□結論が先にありきになっていない。 　本シートが結論の後付けの根拠資料として使われていない。 □本人以外の関係者の問題を本人の問題としてすり替えていない。 □支援のしやすさを優先していない。 　支援者のための根拠付けになっていない。 　（サービスの利用を検討している場合のみ） □サービス利用ありきになっていない。

➡上記検討の結果、
　□推定意思の実現を支援する。
　□推定意思を実現すると本人にとって見過ごすことができない重大な影響が懸念される
　　⇒<u>本人にとって見過ごすことができない重大な影響が懸念される場合の検討（様式4）へ</u>
　□意思の推定すら困難
　　⇒<u>最善の利益に基づく代行決定の検討（様式5）へ</u>

［基本原則］
第4　意思決定支援が尽くされても、どうしても本人の意思決定や意思確認が困難な場合には、代行決定に移行するが、その場合であっても、後見人等は、まずは、明確な根拠に基づき合理的に推定される本人の意思（推定意思）に基づき行動することを基本とする。

〈資料04〉【様式4】　本人にとって見過ごすことができない重大な影響に関するアセスメントシート

【様式4】　本人にとって見過ごすことができない重大な影響に関するアセスメントシート

Ⅰ．概要　□【様式　　　】と同じにつき記載省略

本　人		記入者		本人との関係	
テーマ （課題となる意思決定）					
過去の支援状況	□【様式1】添付　□【様式2】添付　□【様式3】添付				
実施日	年　　月　　日　　時　　分～　　　時　　分　場所（　　　　　　　）				
検討メンバー					

Ⅱ．本人の示した意思（推定意思）の実現は、本人にとって見過ごすことができない重大な影響を生ずるかどうかの検討

本人が他に採り得る選択肢と比較して、明らかに本人にとって不利益な選択肢といえるか。	□はい⇒根拠　　　　□いいえ
一旦発生してしまえば、回復困難なほど重大な影響を生ずるといえるか。	□はい⇒根拠　　　　□いいえ
その発生の可能性に確実性があるか。	□はい⇒根拠　　　　□いいえ

➡上記検討の結果、
　□すべて「はい」に該当する
　　⇒以下の方法につき検討
　　　□本人の意思決定に同意しない（同意権・代理権を行使しない）
　　　□本人の示した意思とは異なる形での代行決定（代理権、取消権の行使）を検討する
　　　　⇒様式5（本人にとっての最善の利益に基づく代行決定の検討）へ
　□上記以外
　　⇒意思又は推定意思の実現へ

【基本原則】
第3　一見すると不合理にみえる意思決定でも、それだけで本人に意思決定能力がないと判断してはならない。
第5　①本人の意思推定すら困難な場合、又は②本人により表明された意思等が本人にとって見過ごすことのできない重大な影響を生ずる場合には、後見人等は本人の信条・価値観・選好を最大限尊重した、本人にとっての最善の利益に基づく方針を採らなければならない。
第6　本人にとっての最善の利益に基づく代行決定は、法的保護の観点からこれ以上意思決定を先延ばしにできず、かつ、他に採ることのできる手段がない場合に限り、必要最小限度の範囲で行われなければならない。

〈資料05〉【様式5】　本人にとっての最善の利益に基づく代行決定に関するアセスメントシート

【様式5】　本人にとっての最善の利益に基づく代行決定に関するアセスメントシート

Ⅰ．概要　□【様式　　　　】と同じにつき記載省略

本　人		記入者		本人との関係	
テーマ （課題となる意思決定）					
過去の支援状況	□【様式1】添付　□【様式2】添付　□【様式3】添付　□【様式4】添付				
実施日	年　　月　　　日　　　時　　分〜　　　時　　　分　場所（　　　　　　　　　　　　　）				
検討メンバー					

Ⅱ．検討

本人にとっての最善の利益を検討するための前提条件 ※すべての条件を満たしている必要があります。	□意思決定の期限が迫っており、これ以上決定を先延ばしできない。 　⇒期限：　　　年　　　月　　　日まで □後見人等による代行決定が及ぶ意思決定である。 □本人の好み・価値観その他本人にとって重要な情報が十分に得られている。 □本人が最善の利益の検討過程に参加・関与できる機会が考慮されている。
代行決定に当たっての留意事項 ※チェックできない項目がある場合には、第1〜第3原則に沿った支援ができていたかどうか、チームで再度検討してください。	□結論が先にありきになっていない。 　本シートが結論の後付けの根拠資料として使われていない。 □本人以外の関係者の問題を本人の問題としてすり替えていない。 □支援のしやすさを優先していない。 　支援者のための根拠付けになっていない。 （サービスの利用を検討している場合のみ） □サービス利用ありきになっていない。
本人にとっての最善の利益の検討 考えうる選択肢の提示と比較検討（本人の好み・価値観に近い順、自由の制約がより少ない選択肢から順に、本人の視点を踏まえてそれぞれの要素を検討してください。）	選択肢●： <table><tr><td>選択することのメリット</td><td>選択することのデメリット</td></tr><tr><td></td><td></td></tr></table> 選択肢●： <table><tr><td>選択することのメリット</td><td>選択することのデメリット</td></tr><tr><td></td><td></td></tr></table> ※選択肢はできる限り多く検討してください。
結論：最善の利益に基づく代行決定の内容及びその理由	代行決定の内容： 理由：
モニタリング実施時期	□3か月後　□6か月後　□その他（　　　　　　　　　　　　　）

【基本原則】
第5　①本人の意思推定すら困難な場合、又は②本人により表明された意思等が本人にとって見過ごすことのできない重大な影響を生ずる場合には、後見人等は本人の信条・価値観・選好を最大限尊重した、本人にとっての最善の利益に基づく方針を採らなければならない。
第6　本人にとっての最善の利益に基づく代行決定は、法的保護の観点からこれ以上意思決定を先延ばしにできにきず、かつ、他に採ることのできる手段がない場合に限り、必要最小限度の範囲で行われなければならない。
第7　一度代行決定が行われた場合であっても、次の意思決定の場面では、第1原則に戻り、意思決定能力の推定から始めなければならない。

45

Q15 任意後見人に対する監督

> 任意後見人に対する監督はどのように行われるのですか。

1　任意後見監督人による監督

　　任意後見契約は、本人の判断能力が低下しただけでは発効せず、家庭裁判所が任意後見監督人を選任することによって初めて発効します。そして、任意後見人は任意後見監督人による監督を受けながら職務を遂行することになります。これにより、任意後見人が代理権を濫用することを防止することができます。

2　任意後見監督人の職務等

(1)　職　務

任意後見監督人は、次の職務を行います。

① 任意後見人の事務を監督すること（任意後見法7条1項1号）

② 任意後見人の事務に関し、家庭裁判所に定期的に報告をすること（同項2号）

③ 急迫の事情がある場合に、任意後見人の代理権の範囲内において、必要な処分をすること（同項3号）

④ 任意後見人またはその代表する者と本人との利益が相反する行為について本人を代表すること（同項4号）

(2)　監督の方法

　一般に、任意後見契約においては、任意後見人に任意後見監督人に対する定期的報告の義務が課せられています。このため、任意後見監督人は、任意後見契約の定めに従って、任意後見人に対し、本人の身上や財産・収支の状

況などを定期的に報告させることになります。

　また、任意後見監督人は、いつでも、任意後見人に対し任意後見人の事務の報告を求め、または任意後見人の事務もしくは本人の財産の状況を調査することができますので（任意後見法7条2項）、契約の定めがなくても、また、契約に定める時期が到来していなくても、この条項を根拠に任意後見人を監督することが可能です。

　家庭裁判所は、必要があると認めるときは、任意後見監督人に対し、任意後見人の事務に関する報告を求め、任意後見人の事務もしくは本人の財産の状況の調査を命じ、その他任意後見監督人の職務について必要な処分を命ずることができます（任意後見法7条3項）。任意後見監督人は、家庭裁判所から命じられた場合、これに従わなければなりません。

　任意後見人に不正な行為、著しい不行跡その他その任務に適しない事由があるときは、任意後見監督人は家庭裁判所に対して任意後見人の解任の請求をすることができます（任意後見法8条）。

　なお、法定後見と異なり、任意後見人については、家庭裁判所の職権による解任は認められていません。私的自治に対する介入は控えるべきであり、任意後見における家庭裁判所の監督は任意後見監督人を通じての間接的な監督であるからです。

Q16　任意後見を利用するための費用

任意後見制度を利用すると、どのくらいの費用がかかるのですか。

　　任意後見の利用についてかかる費用としては、①任意後見
契約公正証書作成に要する費用、②任意後見契約を締結して
から契約が発効するまでの受任者の報酬（移行型の場合）、③
任意後見監督人選任の審判申立て時の費用、④任意後見契約
発効後の任意後見人および任意後見監督人の報酬、があります。

1　任意後見契約公正証書作成に要する費用

　任意後見契約の公正証書を作成する際の費用は、①公証役場の手数料（公
証人手数料令16条により契約内容を問わず契約１件につき１万1000円です）、②登
記所（法務局）に登記するための手数料、③登記所（法務局）に納める印紙
代、④郵送料金が必要であり、通常、２万円～３万円程度で作成することが
できます。

　ただし、実際の金額は、将来型か即効型か移行型か、財産管理等委任契約
の有無、死後の事務委任契約の有無、公証人に出張してもらうか否か、任意
後見受任者の数などによって異なってきます。事前に公証人に見積書を作成
してもらうとよいでしょう。

　弁護士や司法書士などに作成を依頼する場合にはその費用が必要となるこ
ともありますので、依頼する弁護士や司法書士などに確認してください。

2　任意後見契約を締結してから契約が発効するまでの受任者の報酬等

　任意後見契約と併せて財産管理等委任契約を締結する場合（移行型）には、

任意後見契約が発効するまでの間の財産管理等に関する報酬・実費がかかる場合があります。

また、有償で見守り契約を締結すると、その報酬・実費もかかります。

これらの費用については、本人と受任者とが相談して決めることになります。

3　任意後見監督人選任の審判申立てのときに要する費用

任意後見監督人選任の審判を申し立てる際には、以下のような費用がかかります（Q37参照）。

①　戸籍謄本、住民票、後見登記事項証明書などを取り寄せるための費用（1000円～2000円程度）

②　任意後見監督人選任の審判申立てについての収入印紙・郵便切手代等

③　医師の診断書の費用（病院によって異なりますが、5000円～１万円程度が多いようです）

4　任意後見契約発効後の任意後見人および任意後見監督人の報酬

(1)　任意後見人の報酬

親族や知人が任意後見人になる場合、報酬は無償であることが多いようです。

弁護士や司法書士などの専門職が任意後見人になる場合、報酬の額は本人と任意後見人との合意により任意後見契約で定められますが、月額３万円～５万円程度が多いようです。不動産を処分するなどの重要な行為を行う場合には加算する例もあります。加算する報酬の額は、あらかじめ定めておくこともできますし、その都度、本人、任意後見人、任意後見監督人の間で協議して決めることなどもできます（Q22参照）。

⑵　任意後見監督人の報酬

　任意後見監督人の報酬については、家庭裁判所が、対象期間中の任意後見監督人の事務内容、本人の財産の内容などを総合的に考慮して、事案に応じた適正・妥当な金額を決定します。

　任意後見監督人になるのは、弁護士、司法書士等の専門職が通常ですが、選任された場合における標準的な報酬額の目安は次のとおりです（平成25年1月1日、東京家庭裁判所・東京家庭裁判所立川支部「成年後見人等の報酬額のめやす」より）。

基本報酬　　管理財産額が5000万円以下の場合は月額1万円～2万円
　　　　　　管理財産額が5000万円を超える場合には月額2万5000円～3万円

　ただし、身上保護などに特別困難な事情があった場合には、基本報酬額の50％の範囲内で相当額の報酬が付加されることがあります（Q58参照）。

Q17　成年後見制度の利用状況

成年後見制度の利用状況を教えてください。

1　成年後見制度全般についての統計

　　成年後見制度全般についての利用状況については、最高裁判所事務総局家庭局により毎年、「成年後見関係事件の概況」が公表されています（裁判所ウェブサイト）。平成20年（2008年）から令和3年（2021年）までのデータを整理すると、〈成年後見制度全般に関する統計〉のようになります。

〈成年後見制度全般に関する統計〉　　　　　　　　　　　　　　　　　　（件）

	後見開始	保佐開始	補助開始	任意後見監督人選任	任意後見契約締結
2008年	20,695	2,273	896	326	7,095
2009年	21,264	2,457	987	421	7,809
2010年	23,119	3,102	1,135	451	8,904
2011年	24,092	3,464	1,061	526	8,289
2012年	25,969	3,801	1,123	563	9,091
2013年	26,397	4,154	1,152	575	9,219
2014年	26,029	4,447	1,237	604	9,791
2015年	26,146	4,786	1,251	678	10,704
2016年	25,886	5,034	1,204	676	10,616
2017年	26,411	5,400	1,294	652	12,045
2018年	26,641	5,852	1,371	647	12,599
2019年	25,172	6,372	1,825	633	14,120
2020年	25,029	7,076	2,415	612	11,717
2021年	26,470	7,741	2,693	678	12,285
2022年	26,529	7,798	2,596	749	14,730

（最高裁判所事務総局家庭局「成年後見関係事件の概況」）
https://www.courts.go.jp/toukei_siryou/siryo/kouken/index.html

　任意後見契約が締結された場合には公証人の職権により登記の嘱託がなされますので、この登記件数が任意後見契約の締結件数となります。任意後見契約締結の件数は政府統計の総合窓口「e-Stat」〈https://www.e-stat.go.jp/dbview?sid=0003206207〉に記載されています。

　令和4年（2022年）の任意後見契約締結の登記件数は14,730件、任意後見監督人選任件数（認容）は766件です。人口100万人あたりにすると、任意後見契約の締結件数が約118件、任意後見監督人選任件数が6件強ということになり、少しずつ増加してはいますが、ここ数年は横ばいであり、まだまだ利用は少ないというのが実態のようです。

　また、任意後見契約が締結されても、任意後見監督人選任の審判申立てに至らない事案が多いようです。推測ですが、実際に任意後見監督人が選任される割合は、契約件数の10％に満たないものと思われます。

2　任意後見制度の利用

　このように、任意後見制度は、現時点ではそれほど多く利用されているとはいえないでしょう。その理由として、①制度の周知が不足している、②公正証書作成やその後の手続が複雑である、③任意後見人や任意後見監督人の報酬が負担である、④日本ではいまだ任意後見を利用する社会的実態にない、などの意見が出されています。

　しかし、任意後見制度は法定後見制度よりも「自己決定の尊重」という理念に適うものであり、そうであるからこそ法律上も任意後見が優先されるものとされているのです。その意味からすれば、任意後見は、もっと多くの利用があってよいのではないかと思われます。

　第二期成年後見制度利用促進基本計画（令和4年度～令和8年度）においては、優先して取り組む事項として、任意後見制度の利用促進があげられています（Q2参照）。

Q18　成年後見登記制度

成年後見登記制度について説明してください。

1　成年後見登記制度の趣旨

　　平成11年の民法改正前の「禁治産・準禁治産」の制度においては、「禁治産・準禁治産」が宣告されると本人の戸籍に記載されていましたが（改正前の戸籍法81条・85条）、戸籍に記載されることに対する心理的抵抗が大きく、これが「禁治産・準禁治産制度」の利用の妨げになっていました。また、平成11年の改正により創設された補助や任意後見については多様な代理権が定められることになりますが、これを公示するためには、戸籍への記載では十分に対処できません。このようなことに対応するため、法定後見・任意後見のいずれについても登記所（法務局）で登記するという制度が創設されることになったのです。

2　成年後見登記制度の内容

　成年後見（法定後見および任意後見）に関する登記については、「後見登記等に関する法律」（後見登記法）、後見登記等に関する政令、後見登記等に関する省令で定められています。

　成年後見登記は、現在、東京法務局のみで取り扱われています。

　任意後見については、任意後見契約を締結したり、任意後見監督人が選任されて任意後見契約が発効したりすると、東京法務局で登記されることになります。そして、任意後見人は、法務局で登記事項証明書の発行を受けて、取引の相手方に示すことで、任意後見人としての代理権を証明し、財産の売買契約や介護サービス契約などを締結することができるしくみになっていま

す。

　また、本人に法定後見が開始していない場合および本人が任意後見契約を締結していない場合は、「登記されていないことの証明書」〈資料06〉が発行されます。

　任意後見の登記は、磁気ディスクをもって調製する後見登記等ファイルに、次に掲げる事項が記録されます（後見登記法5条1号～11号）。

---

①　任意後見契約に係る公正証書を作成した公証人の氏名及び所属並びにその証書の番号及び作成の年月日
②　任意後見契約の委任者（以下「任意後見契約の本人」という。）の氏名、出生の年月日、住所及び本籍（外国人にあっては、国籍）
③　任意後見受任者又は任意後見人の氏名又は名称及び住所
④　任意後見受任者又は任意後見人の代理権の範囲
⑤　数人の任意後見人が共同して代理権を行使すべきことを定めたときは、その定め
⑥　任意後見監督人が選任されたときは、その氏名又は名称及び住所並びにその選任の審判の確定の年月日
⑦　数人の任意後見監督人が、共同して又は事務を分掌して、その権限を行使すべきことが定められたときは、その定め
⑧　任意後見契約が終了したときは、その事由及び年月日
⑨　家事事件手続法第225条において準用する同法第127条第1項の規定により任意後見人又は任意後見監督人の職務の執行を停止する審判前の保全処分がされたときは、その旨
⑩　前号に規定する規定により任意後見監督人の職務代行者を選任する審判前の保全処分がされたときは、その氏名又は名称および住所
⑪　登記番号

3　登記手続

(1)　任意後見契約締結の登記

　公証人は、任意後見契約を締結したときは、登記所（法務局）に、任意後見契約の締結の登記の嘱託をします（公証人法57条ノ3）。本人や任意後見受

任者は登記の申請をする必要はありません。任意後見契約が締結されて発効する前（すなわち任意後見監督人が選任される前）において発行される登記事項証明書は、〈資料07〉のとおりです。「任意後見受任者」と記載されているので発効前であることがわかります。

(2)　任意後見監督人選任の登記

任意後見監督人が選任されると、裁判所書記官が登記所（法務局）にその旨の登記の嘱託をします（家事事件手続法116条）。本人、任意後見人や任意後見監督人は登記の申請をする必要はありません。任意後見監督人が選任された後（すなわち任意後見契約が発効した後）において発行される登記事項証明書は、〈資料08〉のとおりです。「任意後見人」と記載され、「任意後見監督人」が記載されているので、発効後であることがわかります。

(3)　終了の登記

本人、任意後見人（任意後見受任者）、任意後見監督人は、本人または任意後見人（任意後見受任者）の死亡や破産、任意後見契約の解除などにより任意後見契約が終了したことを知ったときは、嘱託による登記がされる場合を除き、終了の登記を申請しなければなりません（後見登記法8条2項）。

また、本人の親族その他の利害関係人は、嘱託による登記がされる場合を除き、終了の登記を申請することができます（後見登記法8条3項）。

特に注意すべきは、任意後見契約が発効した後に解除により契約が終了する場合です。この場合、任意後見人の代理権は消滅しますが、終了した旨の登記をしないと善意の第三者に対抗できませんから（任意後見法11条）、任意後見人であった者が任意後見人の登記が残っていることをいいことに、無断で本人の財産を処分したりして本人に不利益を生じさせるおそれがあります。したがって、任意後見契約の発効後に解除をしたときは、必ず終了の登記を申請しなければなりません。

(4)　その他の登記

裁判所書記官は、次の場合に、登記所（法務局）に登記を嘱託しなければ

なりません（家事事件手続法116条、家事事件手続規則77条１項〜３項）。

①　任意後見監督人が欠けた場合および任意後見監督人をさらに選任する場合における任意後見監督人の選任の審判

②　任意後見監督人の辞任についての許可の審判

③　任意後見監督人または任意後見人の解任の審判

④　任意後見監督人の権限の行使についての定めおよびその取消しの審判

⑤　任意後見監督人の職務の執行を停止しまたはその職務代行者を選任する審判前の保全処分および職務代行者を解任する審判前の保全処分

⑥　任意後見人の職務の執行を停止する審判前の保全処分

⑦　後見開始等の審判が効力を生じたことによる任意後見契約の終了

　また、本人、任意後見受任者または任意後見人、任意後見監督人は、氏名、住所などに変更が生じた場合にはその旨の登記を申請しなければなりません（後見登記法７条１項４号）。本人の親族その他の利害関係人も変更の登記の申請を行うことができます（同条２項）。

4　登記事項証明書の取得方法

(1)　全国の法務局・地方法務局への交付請求

　現在のところ東京法務局においてすべての後見登記事務が行われていますが、「登記事項証明書」や「登記されていないことの証明書」の交付については、全国の法務局および地方法務局の戸籍課の窓口においても取り扱われています（支局では取り扱っていません）。したがって、最寄りの法務局・地方法務局の窓口で登記事項証明書の交付請求を行って取得することができます。ただし、郵送による証明書の請求は、東京法務局のみの取扱いとなっています。

　平成23年４月１日から、「登記事項証明書」は１通につき550円、「登記されていないことの証明書」は１通につき300円の手数料となっています。

　本人や任意後見受任者・任意後見人が証明書の交付申請をする場合には申請書以外の資料は必要ありませんが（ただし、申請者の本人確認の資料は必要

です）、本人の配偶者または4親等内の親族が申請する場合には、親族関係を証する書面として戸籍謄本などを提示する必要があります。

⑵ 交付を受けることができる者

任意後見に関する情報は、プライバシー性の高い情報ですので、誰もが自由に登記の有無および内容を知ることができるとすることは適当ではありません。そこで、登記事項証明書などの交付を請求できる者は、後見登記等ファイルに記録されている者（本人、任意後見受任者、任意後見人、任意後見監督人）や、本人の家族（配偶者、4親等内の親族）、国または地方公共団体の職員（職務上必要とする場合のみ）に限定されています（後見登記法10条）。

〈成年後見登記制度の概要イメージ〉

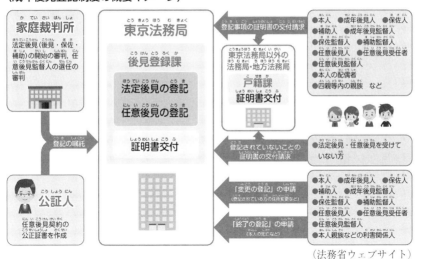

（法務省ウェブサイト）

〈資料06〉　登記されていないことの証明書

登記されていないことの証明書

| ①氏　名 | 甲野 太郎 | | | |

②生年月日　明治□ 大正□ 昭和☑ 平成□ 又は□ 西暦□　　２９ 年　９ 月　１９ 日

③住　所
都道府県名　東京都　市区郡町村名　千代田区
丁目大字地番　九段南１丁目１番10号

④本　籍
□ 国籍
都道府県名　東京都　市区郡町村名　千代田区
丁目大字地番（外国人は国籍を記載）　九段南１丁目１番地

上記の者について，後見登記等ファイルに成年被後見人，被保佐人とする記録がないことを証明する。
　　平成29年3月1日

　　　　　東京法務局　登記官　　法　務　太　郎　　㊞

　　　　　　　　　　　　［証明書番号］　2017-0100F-00006

〈資料07〉　登記事項証明書（発効前）

登 記 事 項 証 明 書

任意後見

任意後見契約
　　【公証人の所属】東京法務局
　　【公証人の氏名】山田太郎
　　【証書番号】平成 28 年第××××号
　　【作成年月日】平成 28 年 3 月 14 日
　　【登記年月日】平成 28 年 3 月 22 日
　　【登記番号】第 2016－××××号

任意後見契約の本人
　　【氏　　　名】任意太郎
　　【生年月日】昭和 20 年 12 月 29 日
　　【住　　　所】東京都千代田区九段南 1 丁目 1 番 15 号
　　【本　　　籍】東京都千代田区九段南 1 丁目 2 番地

任意後見受任者
　　【氏　　　名】任意一郎
　　【住　　　所】東京都千代田区九段南 1 丁目 1 番 10 号
　　【代理権の範囲】別紙目録記載のとおり

上記のとおり後見登記等ファイルに記録されていることを証明する。

　　平成 28 年 3 月 25 日

　　　　　　　東京法務局　登記官　　　法　務　太　郎　　　　㊞

［証明書番号］　2016-0100-00004（1／3）

別紙　代理権目録　（略）

〈資料08〉　登記事項証明書（発効後）

登 記 事 項 証 明 書

任意後見

任意後見契約
　【公証人の所属】東京法務局
　【公証人の氏名】山田太郎
　【証書番号】平成 28 年第××××号
　【作成年月日】平成 28年 3 月 14 日
　【登記年月日】平成 28年 3 月 22 日
　【登記番号】第 2016－××××号

任意後見契約の本人
　【氏　　　名】任意太郎
　【生年月日】昭和 20 年 12 月 29 日
　【住　　　所】東京都千代田区九段南 1 丁目 1 番 15 号
　【本　　　籍】東京都千代田区九段南 1 丁目 2 番地

任意後見人
　【氏　　　名】任意一郎
　【住　　　所】東京都千代田区九段南 1 丁目 1 番 10 号
　【代理権の範囲】別紙目録記載のとおり

任意後見監督人
　【氏　　　名】鈴木三郎
　【住　　　所】東京都千代田区九段南 1 丁目 1 番 10 号
　【選任の裁判確定日】平成 29年 4 月 7 日
　【登記年月日】平成 29年 4 月 14 日

　上記のとおり後見登記等ファイルに記録されていることを証明する。
　　　平成 29 年 4 月 18 日

　　　　　東京法務局　登記官　　　法 務 太 郎　　　　㊞

［証明書番号］　2017-0100-00005（1／3）

別紙　代理権目録　（略）

第2章　任意後見契約の締結から終了まで

Q19　相談の対応

> 任意後見契約について相談を受けた場合の対応で、留意すべき点を教えてください。

A

1　本人の意思の確認

　任意後見契約は、本人の意思を尊重することを趣旨とするものですので、本人が任意後見契約を締結したいという意思を有していることを確認することが重要です。任意後見契約の内容を具体的にわかりやすく説明して、本人の意思を確認しましょう。

　この点、子が親（または親の財産）を取り合うための手段として任意後見制度を利用することも見受けられます。

　たとえば、①他の子（兄弟姉妹）による法定後見開始の審判申立てに対抗して、親と任意後見契約を締結して自分が任意後見人に就任しようとする、②他の子が任意後見受任者として締結した任意後見契約を解除させて、自分と新たに任意後見契約を締結する、などです。

　そこで、専門職への相談に同行した親族などには席を外してもらい、本人のみと面談して話し合う機会を設けるなどの工夫が必要です。

2　本人の判断能力の確認

　本人の判断能力によっては、任意後見契約を締結することができない可能性もあります。そこで、本人の判断能力を十二分に確認する必要があります

61

（Q 9・36参照）。場合によっては、医師の診断を仰ぐ必要もあるでしょう。

　本人の判断能力が低下している状態で任意後見契約を締結する場合には即効型を選択することになります（Q24参照）。

3　任意後見受任者の人選

　任意後見受任者は、任意後見契約が発効した後、本人が死亡するまで、場合によっては10年以上もの長期間にわたって任意後見人としての業務を行うことになります。親族や知人が任意後見受任者となる場合には、安易に引き受けることのないように、任意後見人となることの重大性やその職務について、専門職として十分に説明しなければなりません。

　相談を受けた専門職が任意後見受任者になることを求められた場合には、将来、任意後見人としての職務を十分に果たすことができるか否かを慎重に検討して判断すべきです。

　場合によっては、複数の任意後見受任者や予備的な任意後見受任者を検討してもよいでしょう（Q26参照）。

4　ライフプランの作成

　ライフプランは、生活歴をまとめたり、老後の生活プランなどを記したり、あるいは、死亡後の葬儀などについての希望を記しておき、将来、自分の希望を実施してもらうために作成されるものです。エンディングノートと呼ばれることもありますが、特に明確な区別や決まった書き方があるわけではありません。

　本人としては、元気なうちに、将来判断能力が低下した後にどのような生活を営みたいのかを書面に記しておくことにより、任意後見人が職務を遂行するにあたっての参考にしてもらうことができます。任意後見制度の特徴は、将来の自分の生活を自分で決めておくことができるという点にあるのですから、任意後見契約を締結する際、本人と任意後見受任者が十分に相談して、

ライフプランを作成しておくべきでしょう。

　一方、任意後見受任者としても、任意後見人の職務を遂行するに際して本人の意思を尊重するためには、本人が元気なうちに、判断能力が低下した後にどのような生活を送りたいのか、その意向を十分に確認しておくことが要請されます。

　〈資料09〉に、ライフプランの一例を紹介しておきます。

5　任意後見契約と関連する制度の利用の有無

　任意後見契約とともに、①財産管理等委任契約、②見守り契約、③死後の事務委任契約、④遺言、⑤尊厳死宣言（リビング・ウィル）なども併せて利用するかどうかを検討する必要があります（Q27参照）。

　たとえば、ライフプランによって、本人が死亡後の事務について依頼したいということがわかった場合には、死後の事務委任契約を検討することになるでしょう。

　また、任意後見契約とともに、または、任意後見契約に代えて、民事信託（家族信託）を利用することも考えられます（Q27参照）。ただし、それぞれの制度の特長と相違点を確認したうえで選択すべきでしょう。

6　財産目録および年間収支予定表の作成

　将来の生活のプランを考えるためには、現在の財産状況や定期的な収入・支出を把握し、将来的な経済状態を予測する必要があります。

　任意後見契約締結の際に本人と相談して、財産状況や収支をわかりやすく整理しておくべきでしょう。

　財産目録（Q37・41）を、収支予定表（Q37・39）を参考にして作成してみてください。

〈資料09〉　ライフプラン（例）

1　基本情報
氏名、本籍地、住所、生年月日、性別、電話番号、血液型、学歴、職歴、結婚歴、趣味・嗜好・特技など

2　近親者・友人・知人
近親者・友人・知人の氏名、住所、電話番号、本人との関係など

3　病気に関する事項
① 既往症
② 治療・投薬を受けている病名
③ 通院している病院・診療所
　　病院・診療所名、住所、電話番号、受診科目、担当医師
④ 服用している薬

4　任意後見契約が発効した後のこと
① 居住の場所
　　自宅で介護してほしいのか、施設に入所したいのか。
　　施設に入所したいのなら、どこの施設を希望するのか。
② 任意後見契約が発効したことを伝えてほしい人、伝えたくない人
③ 財産の管理・処分について特に希望すること（自宅の売却など）
④ 延命治療を希望するのか、希望しないのか（必要に応じ「尊厳死宣言公正証書」を作成してもよいでしょう）

5　入院するなど体調が悪化した際に連絡してほしい人

6　遺言について

7　死亡後のこと
① 死亡したことを伝えてほしい人
② 葬儀の方法
③ 遺骨や墓地はどうするか
④ 供養の方法

8　その他の希望や伝えておきたいこと

令和〇〇年〇〇月〇〇日
　　住　所
　　氏　名　　　　　　　㊞

Q20　任意後見契約公正証書作成の手順

任意後見契約公正証書作成の手順を教えてください。

1　公正証書による契約締結

　　任意後見契約は公正証書によってしなければなりません（任意後見法3条）。

　公正証書とは、公証人が作成する証書のことです。公証人は、裁判官、検察官などを長年務めた法律実務の経験者の中から、法務大臣により任命されます。全国の都道府県に設けられている公証役場で職務を行っており、公証人によって作成される公正証書には高度の信用性が認められています。

　任意後見契約が公正証書により締結しなければならないとされているのは、任意後見契約が、本人の判断能力が低下した後に任意後見人が本人の財産を管理するという重大な効果をもたらすものであるため、公証人を関与させることにより、本人の真意による適法かつ有効な契約が締結されるようにするためです。

2　どの公証役場で作成すればよいのか

　公正証書は、日本全国のどこの公証役場で作成してもかまいません（公証役場の所在地については、日本公証人連合会ウェブサイト参照）。

　任意後見契約を締結するには、通常、本人と任意後見受任者が公証役場に出向きますが、本人が病院で療養中であるなど公証役場に出向くことが困難な場合には、公証人が出張してくれます。ただし、公証人が出張できるのは、公証人が所属する法務局のある都道府県内に限られます。また、出張してもらう場合には、手数料が加算されるほか、日当や交通費が必要になります。

3　公証人との事前相談

　契約内容が固まっていない段階でも、公証人に相談すれば助言してくれますので、まず公証人に相談してみましょう。

　また、契約書の文案についても、公証人がモデル文案を提示してくれますので、それを基に、実情に合わせて修正してもらうことができます。

　そして、公正証書を作成する前に、事前に文案をファクシミリ等で送ってもらい、本人と任意後見受任者との間で、契約文案を十分に確認するようにしてください。

　弁護士や司法書士などの専門職が関与している場合には、専門職が公証人との事前相談をすることになるでしょう。

4　公証人の本人との面接・診断書などの提出

　任意後見契約の公正証書の作成については、本人の事理を弁識する能力および任意後見契約を締結する意思を確認するため、原則として公証人が本人と面接するものとするとされています（「民法の一部を改正する法律等の施行に伴う公証事務の取扱いについて」（平成12年 3 月13日法務省民一第634号民事局長通達））。

　また、本人の事理を弁識する能力に疑義があるときは、任意後見契約の有効性が訴訟や審判で争われた場合の証拠の保全のために、公証人は、本人が契約の性質および効果を理解するに足りる能力を有することを証すべき診断書などの提出を求め、証書の原本とともに保存し、または本人の状況などの要領を録取した書面を証書の原本とともに保存するものとされています（同通達）。

5　必要資料

　任意後見契約の公正証書を作成してもらうためには、次のものが必要です。

①　本人　　戸籍謄本または抄本、住民票、印鑑証明書、実印

②　任意後見受任者　　住民票、印鑑証明書、実印

なお、印鑑証明書と実印に代えて、運転免許証・パスポート等と認印でも
かまいません。

6　費　用

公正証書を作成するには手数料がかかります。手数料については公証人手
数料令で定められています。任意後見契約の内容や作成場所などによって作
成に要する費用は異なりますが、2万円〜3万円程度で作成できます。移行
型の任意後見契約を締結する場合は、財産管理等委任契約の作成のため2万
円〜3万円程度が上乗せされます。

また、任意後見契約と併せて公正証書遺言や尊厳死宣言公正証書を作成す
る場合には、別途費用が必要です。

費用は、公正証書の作成時に支払うことになりますので、事前に公証人に
金額を確認しておきましょう（Q16参照）。

なお、弁護士や司法書士などの専門職に契約書の文案作成や公証人との事
前相談を依頼する場合にはその報酬などを要することもありますので、直接
確認してください。

7　作成後の手続

署名・捺印のある任意後見契約公正証書の原本は、公証役場で保管されま
す。公正証書の正本と謄本が交付されますので、本人と任意後見受任者の双
方が1通ずつ保有しておけばよいでしょう。

任意後見契約の登記については、公証人が登記所（法務局）に嘱託して行
われますので、本人や任意後見受任者は登記の申請をする必要はありません。

Q21　任意後見契約書の書式

任意後見契約書の書式を教えてください。

任意後見契約の内容は、①委任者が、任意後見受任者に対し、生活、療養看護および財産の管理に関する事務の全部または一部を委託し、その委託に係る事務について代理権を付与する委任契約であること、②任意後見監督人が選任された時点から契約の効力が発生する旨の特約を付すこと、が必須の要件となります（任意後見法 2 条 1 号）。この要件を満たしている限り、契約書の書式は問いません。

実務上は、日本公証人連合会が平成17年に任意後見契約の契約書式を公表し、平成29年に改訂版を公表していることから（日本公証人連合会編著『新版　証書の作成と文例——家事関係編〔改訂版〕』）、公証人は同書式を基本とし、事案に応じて修正を加えるという形で作成していることが多いようです。

日本公証人連合会の契約書式では、以下のものが紹介されており、詳細な解説も加えられています。

〔文例17〕　任意後見契約（将来型）
〔文例18〕　任意後見契約（移行型）
〔文例19〕　任意後見契約（即効型）
〔文例20〕　任意後見契約（死後の事務委任）
〔文例21〕　任意後見契約（高齢者にも分かりやすい文例）

極めて重要な書式ですので、本書では、〔文例17〕（Q22参照）、〔文例18〕（Q23参照）、〔文例19〕（Q24参照）を紹介します。これらを参照のうえ、実際の作成に際しては、事前に公証人と十分に相談するとよいでしょう。

Q22　任意後見契約書の書式①──将来型

任意後見契約書（将来型）の書式を教えてください。

将来型は、任意後見契約の基本型であり、将来、本人の判断能力が低下したときに、家庭裁判所により任意後見監督人が選任されることにより、任意後見人が後見事務を開始します。以下では、日本公証人連合会編著『新版　証書の作成と文例──家事関係編〔改訂版〕』に紹介されている各条項について説明していきます。いずれの条項も、任意後見契約において重要なものですので、契約を締結するにあたっては、本人も任意後見受任者も十分に理解しなければなりません。

〈資料10〉　日本公証人連合会〔文例17〕任意後見契約（将来型）

第1条（契約の趣旨）
　甲は乙に対し、平成○○年○月○日、任意後見契約に関する法律に基づき、精神上の障害により事理を弁識する能力が不十分な状況における甲の生活、療養看護及び財産の管理に関する事務（以下「後見事務」という。）を委任し、乙はこれを受任する（以下「本契約」という。）。

任意後見契約の趣旨が記載されています。

第2条（契約の発効）
1　本契約は、任意後見監督人が選任された時からその効力を生ずる。
2　本契約締結後、甲が精神上の障害により事理を弁識する能力が不十分な状況になったときは、乙は、速やかに、家庭裁判所に対し、任意後見監督人の選任の請求をしなければならない。
3　本契約の効力発生後における甲と乙との間の法律関係については、任意後見契約に関する法律及び本契約に定めるもののほか、民法の規定に従う。

〔1項〕　任意後見法2条1号に従い、任意後見契約は任意後見監督人が選任された時点から効力を生じるものとしています。

〔2項〕　任意後見受任者が、本人の判断能力が低下して後見事務を行うことを相当と認めたときには、家庭裁判所に対し速やかに任意後見監督人の選任を請求しなければならないとされています（任意後見監督人選任請求の義務化）。

第3条（後見事務の範囲）
　甲は、乙に対し、別紙「代理権目録（任意後見契約）」記載の後見事務（以下「本件後見事務」という。）を委任し、その事務処理のための代理権を付与する。

後見事務の範囲は「代理権目録」に記載されます。「代理権目録」についてはQ25を参照してください。

第4条（身上配慮の責務）
　乙は、本件後見事務を処理するに当たっては、甲の意思を尊重し、かつ、甲の身上に配慮するものとし、その事務処理のため、適宜甲と面接し、ヘルパーその他日常生活援助者から甲の生活状況につき報告を求め、主治医その他医療関係者から甲の心身の状態につき説明を受けることなどにより、甲の生活状況及び健康状態の把握に努めるものとする。

任意後見法6条（本人の意思の尊重、身上配慮義務等）を具体化して規定したものです。

第5条（証書等の保管等）
1　乙は、甲から本件後見事務処理のために必要な次の証書等及びこれらに準ずるものの引渡しを受けたときは、甲に対し、その明細及び保管方法を記載した預り証を交付する。
　　①登記済権利証・登記識別情報、②実印・銀行印、③印鑑登録カード、住民基本台帳カード、個人番号（マイナンバー）カード・個人番号（マイナンバー）通知カード、④預貯金通帳、⑤キャッシュカード、⑥有価証券・その預り証、⑦年金関係書類、⑧健康保険証、介護保険証、⑨土地・建物

賃貸借契約書等の重要な契約書類
2　乙は、本契約の効力発生後、甲以外の者が前項記載の証書等を占有所持しているときは、その者からこれらの証書等の引渡しを受けて、自らこれを保管することができる。
3　乙は、本件後見事務を処理するために必要な範囲で前記の証書等を使用するほか、甲宛の郵便物その他の通信を受領し、本件後見事務に関連すると思われるものを開封することができる。

〔１項〕　任意後見人が本人から重要書類などを預かったときの保管方法などが規定されています。

任意後見契約が発効した後においても、本人は判断能力が低下したといっても相応の判断能力があるわけですから、任意後見人に直ちにすべての重要書類等を預ける必要はなく、任意後見人に預けたほうがよい状況になった時点において、本人と任意後見人が相談したうえで、任意後見人に預けることになります。そのため「……の引渡しを受けたときは」という文言になっています。

〔２項〕　第三者が重要書類などを所持しているときには、任意後見人はその引渡しを求めることができます。

〔３項〕　任意後見人は、必要な範囲で、預かった重要書類などを使用することができます。また、後見事務に関連する範囲内で、郵便物を開封することができます。

第６条（費用の負担）
　乙が本件後見事務を処理するために必要な費用は、甲の負担とし、乙は、その管理する甲の財産からこれを支出することができる。

任意後見事務に必要な費用は、任意後見人が管理している本人の財産から支出することができます。

第７条（報酬）
〔報酬額の定めがある場合〕

1　甲は、本契約の効力発生後、乙に対し、本件後見事務処理に対する報酬として、1か月当たり金〇〇円を当月末日限り支払うものとし、乙は、その管理する甲の財産からその支払を受けることができる。
2　前項の報酬額が次の事由により不相当となった場合には、甲及び乙は、任意後見監督人と協議の上、これを変更することができる。
　(1)　甲の生活状況又は健康状態の変化
　(2)　経済情勢の変動
　(3)　その他現行報酬額を不相当とする特段の事情の発生
3　前項の場合において、甲がその意思を表示することができない状況にあるときは、乙は、甲を代表する任意後見監督人との間の合意によりこれを変更することができる。
4　前二項の変更契約は、公正証書によってしなければならない。
5　後見事務処理が、不動産の売却処分、訴訟行為、その他通常の財産管理事務の範囲を超えた場合には、甲は、乙に対し、毎月の報酬とは別に報酬を支払う。この場合の報酬額は、甲と乙が任意後見監督人と協議の上これを定める。甲がその意思を表示することができないときは、乙は、甲を代表する任意後見監督人との間の合意によりこれを変更することができる。この報酬支払契約は、公正証書によってしなければならない。

〔無報酬の場合〕
1　乙の本件後見事務処理は、無報酬とする。
2　本件後見事務処理を無報酬とすることが、次の事由により不相当となった場合には、甲及び乙は、任意後見監督人と協議のうえ、報酬を定め、また、定めた報酬を変更することができる。
　(1)　甲の生活状況又は健康状態の変化
　(2)　経済情勢の変動
　(3)　その他本件後見事務処理を無報酬とすることを不相当とする特段の事情の発生
3　前項の場合において、甲がその意思を表示することができない状況にあるときは、乙は、甲を代表する任意後見監督人との合意により報酬を定め、また、定めた報酬を変更することができる。
4　前二項の報酬支払契約または変更契約は、公正証書によってしなければならない。
5　(報酬額の定めがある場合の第5項に同じ)

　〔報酬額の定めがある場合〕と〔無報酬の場合〕に分けて記載されていますので、どちらかを選ぶことになります。親族や知人などが任意後見受任者

の場合には〔無報酬の場合〕が多く、弁護士や司法書士などの専門職が任意後見受任者の場合には〔報酬額の定めがある場合〕が原則となるでしょう。報酬の有無や報酬額については、本人と任意後見受任者が話し合って決めてください。

第8条（報告）

1　乙は、任意後見監督人に対し、3か月ごとに、本件後見事務に関する次の事項について書面で報告する。

(1)　乙の管理する甲の財産の管理状況

(2)　甲を代理して取得した財産の内容、取得の時期・理由・相手方及び甲を代理して処分した財産の内容、処分の時期・理由・相手方

(3)　甲を代理して受領した金銭及び支払った金銭の状況

(4)　甲の生活、療養看護につき行った措置

(5)　費用の支出及び支出した時期・理由・相手方

(6)　（報酬の定めがある場合）報酬の収受

2　乙は、任意後見監督人の請求があるときは、いつでも速やかにその求められた事項につき報告する。

〔1項〕　任意後見人は、任意後見監督人に対して、3カ月ごとに、後見事務に関する報告をします。

この点、京都地裁平成24年1月30日判決（判タ1370号183頁）は、財産変動がなく特段報告すべき事項がなくとも、受任者には報告すべき義務があるとしています。

〔2項〕　任意後見監督人から請求があるときは、速やかに報告しなければなりません。

第9条（契約の解除）

1　甲又は乙は、任意後見監督人が選任されるまでの間は、いつでも公証人の認証を受けた書面によって、本契約を解除することができる。

2　甲又は乙は、任意後見監督人が選任された後は、正当な事由がある場合に限り、家庭裁判所の許可を得て、本契約を解除することができる。

任意後見契約の解除（任意後見法9条）について規定されています。

第10条（契約の終了）
1　本契約は、次の場合に終了する。
(1)　甲又は乙が死亡し、又は破産手続開始決定を受けたとき。
(2)　乙が後見開始の審判を受けたとき。
(3)　乙が任意後見人を解任されたとき。
(4)　甲が任意後見監督人選任後に法定後見（後見・保佐・補助）開始の審判を受けたとき。
(5)　本契約が解除されたとき。
2　任意後見監督人が選任された後に前項各号の事由が生じた場合、甲又は乙は、速やかにその旨を任意後見監督人に通知するものとする。
3　任意後見監督人が選任された後に第1項各号の事由が生じた場合、甲又は乙は、速やかに任意後見契約の終了の登記を申請しなければならない。

任意後見契約が終了する事由が定められています。

　また、以上の条項のほかに任意後見契約の代理権目録を別紙として添付することになります。これについては、Q25を参照してください。

Q23　任意後見契約書の書式②——移行型

任意後見契約書（移行型）の書式を教えてください。

1　任意後見の移行型

　本人の判断能力が低下する前であっても、判断能力に不安があったり、身体能力が低下したりすることにより、他人に財産管理を委ねる必要がある場合があります。このような場合に、財産管理等の委任契約を締結することがあります。

　この財産管理等委任契約を、任意後見契約と併せて締結することにより、判断能力があるうちは、財産管理等委任契約に基づいて財産管理等の受任者が委任者の財産管理等の事務を行い、判断能力が低下したときには、任意後見監督人の選任により、任意後見契約に基づいて、任意後見人が任意後見監督人の監督のもとで任意後見事務を行うことになります。

　このようなタイプの任意後見契約の利用は、財産管理等委任契約から任意後見契約に移行するという意味で「移行型」と呼ばれています。

2　注意点

　財産管理等委任契約は、家庭裁判所や任意後見監督人による監督がされないという点に注意が必要です。財産管理等委任契約の受任者が、本人（委任者）の判断能力が低下しているにもかかわらず、家庭裁判所に任意後見監督人選任の審判申立てを行わず、委任契約に基づいて財産管理を継続して本人に損害を被らせる事例もあります。

　このような危険を防止するには、財産管理等委任契約において、本人の安否、心身の状態および生活状況の確認を受任者の責務とすること（見守り条

項)、本人（委任者）の判断能力が低下した場合の任意後見監督人選任の請求を受任者の義務とすること（任意後見監督人選任請求の義務化）、受任者に対する監督者を設置すること（監督者条項）などが考えられます。

　また、本人の判断能力が十分にある段階では、重要な事柄は自分で判断すればよいわけですから、自宅の処分など重要な事項については財産管理等委任契約に含めない、あるいは受任者による預貯金口座からの払戻しについて限度額を設けるというような注意も必要でしょう。

　財産管理等委任契約と任意後見契約は別の証書により締結してもかまいませんが、日本公証人連合会の文例では、1通の公正証書により作成する文案となっています。

　「委任契約」の代理権目録についてはQ27を、「任意後見契約」の代理権目録についてはQ25を参照してください。

〈資料11〉　日本公証人連合会〔文例18〕任意後見契約（移行型）

委任契約及び任意後見契約公正証書

　本公証人は、委任者○○○○（以下「甲」という。）及び受任者○○○○（以下「乙」という。）の嘱託により、次の法律行為に関する陳述の趣旨を録取し、この証書を作成する。

第1　委任契約

第1条（契約の趣旨）
　　甲は、乙に対し、平成○○年○月○日、甲の生活、療養看護及び財産の管理に関する事務（以下「委任事務」という。）を委任し、乙、はこれを受任する（以下「本委任契約」という。）。

第2条（任意後見契約との関係）
1　本委任契約締結後、甲が精神上の障害により事理を弁識する能力が不十分な状況になったときは、乙は、速やかに、家庭裁判所に対し、任意後見監督人の選任の請求をしなければならない。
2　本委任契約は、第2の任意後見契約につき任意後見監督人が選任され、同契約が効力を生じた時に終了する。

第3条（委任事務の範囲）

1　甲は、乙に対し、別紙「代理権目録（委任契約）」記載の委任事務（以下「本件委任事務」という。）を委任し、その事務処理のための代理権を付与する。

2　乙は、甲の身上に配慮するものとし、適宜甲と面談し、ヘルパーその他日常生活援助者から甲の生活状況につき報告を求め、主治医その他の医療関係者から甲の心身の状態につき説明を受けることなどにより、甲の生活状況及び健康状態の把握に努めなければならない。

第4条（証書等の引渡し等）

1　甲は、乙に対し、本件委任事務処理のために必要と認める範囲で、適宜の時期に、次の証書等及びこれらに準ずるものを引き渡す。

　　①登記済権利証・登記識別情報、②実印・銀行印、③印鑑登録カード、住民基本台帳カード、個人番号（マイナンバー）カード・個人番号（マイナンバー）通知カード、④預貯金通帳、⑤キャッシュカード、⑥有価証券・その預り証、⑦年金関係書類、⑧健康保険証、介護保険証、⑨土地・建物賃貸借契約書等の重要な契約書類

2　乙は、前項の証書等の引渡しを受けたときは、甲に対し、預り証を交付してこれを保管し、右証書等を本件委任事務処理のために使用することができる。

第5条（費用の負担）

　　乙が本件委任事務を処理するために必要な費用は、甲の負担とし、乙は、その管理する甲の財産からこれを支出することができる。

第6条（報酬）

〔報酬額の定めがある場合〕

　　甲は、乙に対し、本件委任事務処理に対する報酬として、1か月当たり金○○円を当月末日限り支払うものとし、乙は、その管理する甲の財産からその支払を受けることができる。

〔無報酬の場合〕

　　乙の本件委任事務処理は、無報酬とする。

第7条（報告）

1　乙は、甲に対し、○か月ごとに、本件委任事務処理の状況につき報告書を提出して報告する。

2　甲は、乙に対し、いつでも、本件委任事務処理の状況につき報告を求めることができる。

第8条（契約の変更）

　　本委任契約に定める代理権の範囲を変更する契約は、公正証書によってするものとする。

第9条（契約の解除）

　　甲及び乙は、いつでも公証人の認証を受けた書面によって本委任契約を解除することができる。ただし、本委任契約の解除は、後記本任意後見契約の解除とともにしなければならない。

第10条（契約の終了）

　　本委任契約は、第2条第2項に定める場合のほか、次の場合に終了する。

(1)　甲又は乙が死亡し又は破産手続開始決定を受けたとき

(2)　甲又は乙が後見開始の審判を受けたとき

(3)　本委任契約が解除されたとき

第2　　任意後見契約

第1条（契約の趣旨）

　　甲は乙に対し、平成○○年○月○日、任意後見契約に関する法律に基づき、精神上の障害により事理を弁識する能力が不十分な状況における甲の生活、療養看護及び財産の管理に関する事務（以下「後見事務」という。）を委任し、乙はこれを受任する（以下「本任意後見契約」という。）。

（以下、略）

Q24　任意後見契約書の書式③——即効型

任意後見契約書（即効型）の書式を教えてください。

 　　　「即効型」の任意後見契約とは、契約締結の時点で本人の判断能力が低下しており、直ちに任意後見契約を発効させるものです。軽度の認知症などによりすでに判断能力が不十分な状態にあっても、任意後見契約を締結するために必要な意思能力を有していれば、任意後見契約を締結することは可能です。また、本人の意思を尊重するためにも、法定後見より任意後見を優先させることが成年後見制度の理念に沿うものといえます。

ただし、本人の判断能力がすでに不十分になっているわけですから、公証人による本人の契約締結能力および意思の確認は慎重に行われる必要があります（Q9参照）。

この即効型の任意後見契約が結ばれた場合、任意後見受任者等が直ちに任意後見監督人選任の審判申立てをすることになります。

日本公証人連合会の文例では、任意後見受任者は「任意後見契約締結の登記完了後直ちに（○○日以内に）家庭裁判所に対し、任意後見監督人の選任の請求をする」とされています（2条）。

また、任意後見契約の代理権目録を別紙として添付することになります。これについては、Q25を参照してください。

〈資料12〉　日本公証人連合会〔文例19〕任意後見契約（即効型）

任意後見契約公正証書

　本公証人は、委任者○○○○（以下「甲」という。）及び受任者○○○○（以下「乙」という。）の嘱託により、次の法律行為に関する陳述の趣旨を録取

し、この公正証書を作成する。

第1条（契約の趣旨）

　　甲は、乙に対し、平成〇〇年〇月〇日、任意後見契約に関する法律に基づき、精神上の障害により事理を弁識する能力が不十分な状況における甲の生活、療養看護及び財産の管理に関する事務（以下「後見事務」という。）を委任し、乙、はこれを受任する（以下「本契約」という。）。

第2条（契約の発効）

1　本契約は、任意後見監督人が選任された時からその効力を生ずる。

2　乙は、本契約に基づく任意後見契約締結の登記完了後直ちに（〇〇日以内に）家庭裁判所に対し、任意後見監督人の選任の請求をする。

3　本契約の効力発生後における甲と乙との間の法律関係については、任意後見契約に関する法律及び本契約に定めるもののほか、民法の規定に従う。

〔第3条以下は、将来型の文例（Q22参照）に同じ。〕

Q25 代理権目録

代理権目録について説明してください。

1　代理権目録の制度趣旨

　　任意後見契約の代理権目録は、任意後見人が代理権を行使すべき事務の範囲を記載したものです。この代理権を行使すべき事務の範囲は「任意後見契約に関する法律第3条の規定による証書の様式に関する省令」で定められている附録第1号様式または附録第2号様式によって特定することが必要です。その理由は、任意後見人が代理権を有する事務の範囲を明確に特定し、登記事項証明書に代理権の範囲（対象行為）が正確に記載されることを制度的に担保する趣旨によるものです。

2　代理権目録の種類

　附録第1号様式（チェック方式）は、あらかじめ列挙されている代理権事項のうち該当項目をチェックする方式です〈資料13〉。詳細でわかりにくい面もありますが、代理権の対象となる事項が網羅的に記載されているので、将来に必要となる代理権が漏れるおそれは小さくなるでしょう。

　附録第2号様式（包括記載方式）は、代理権を包括的に記載する方式です〈資料14〉。附録第1号様式に記載されていない事項を代理権の範囲とするときには附録第2号様式を用いることになります。附録第2号様式を利用する場合には、将来必要になる代理権が漏れないように注意が必要です。

　附録第1号様式と附録第2号様式のどちらを使用するほうがよいのかは事案によりますが、附録第2号様式のほうが多く利用されているようです。

3　注意点

　必要な代理権が漏れていると、結局、法定後見を利用しなければならない場合もあります。代理権目録にどの事項を記載するかは重要ですので、本人の将来の生活を予測し、代理権の要否、さらには代理権付与の適否について本人（委任者）と任意後見受任者とが十分に話し合い、また、公証人と十分に相談してください。

〈資料13〉　代理権目録（附録第 1 号様式）

代　理　権　目　録

A　財産の管理・保存・処分等に関する事項

　A 1 □　甲に帰属する別紙「財産目録」記載の財産及び本契約締結後に甲に帰属する財産（預貯金〔B 1・B 2〕を除く。）並びにその果実の管理・保存

　A 2 □　上記の財産（増加財産を含む。）及びその果実の処分・変更
　　　　　□売却
　　　　　□賃貸借契約の締結・変更・解除
　　　　　□担保権の設定契約の締結・変更・解除
　　　　　□その他（別紙「財産の管理・保存・処分等目録」記載のとおり）

B　金融機関との取引に関する事項

　B 1 □　甲に帰属する別紙「預貯金等目録」記載の預貯金に関する取引（預貯金の管理、振込依頼・払戻し、口座の変更・解約等。以下同じ。）

　B 2 □　預貯金口座の開設及び当該預貯金に関する取引

　B 3 □　貸金庫取引

　B 4 □　保護預り取引

　B 5 □　金融機関とのその他の取引
　　　　　□当座勘定取引　　□融資取引
　　　　　□保証取引　　□担保提供取引
　　　　　□証券取引〔国債、公共債、金融債、社債、投資信託等〕
　　　　　□為替取引
　　　　　□信託取引（予定（予想）配当率を付した金銭信託（貸付信託）を含む。）
　　　　　□その他（別紙「金融機関との取引目録」記載のとおり）

　B6□　金融機関とのすべての取引
C　定期的な収入の受領及び費用の支払に関する事項
　C1□　定期的な収入の受領及びこれに関する諸手続
　　　　□家賃・地代
　　　　□年金・障害手当金その他の社会保障給付
　　　　□その他（別紙「定期的な収入の受領等目録」記載のとおり）
　C2□　定期的な支出を要する費用の支払及びこれに関する諸手続
　　　　□家賃・地代　　□公共料金
　　　　□保険料　　□ローンの返済金
　　　　□その他（別紙「定期的な支出を要する費用の支払等目録」記載のとおり）
D　生活に必要な送金及び物品の購入等に関する事項
　D1□　生活費の送金
　D2□　日用品の購入その他日常生活に関する取引
　D3□　日用品以外の生活に必要な機器・物品の購入
E　相続に関する事項
　E1□　遺産分割又は相続の承認・放棄
　E2□　贈与若しくは遺贈の拒絶又は負担付の贈与若しくは遺贈の受諾
　E3□　寄与分を定める申立て
　E4□　遺留分侵害額の請求
F　保険に関する事項
　F1□　保険契約の締結・変更・解除
　F2□　保険金の受領
G　証書等の保管及び各種の手続に関する事項
　G1□　次に掲げるものその他これらに準ずるものの保管及び事項処理に必要な範囲内の使用
　　　　□登記済権利証
　　　　□実印・銀行印・印鑑登録カード
　　　　□その他（別紙「証書等の保管等目録」記載のとおり）
　G2□　株券等の保護預り取引に関する事項
　G3□　登記の申請
　G4□　供託の申請
　G5□　住民票、戸籍謄抄本、登記事項証明書その他の行政機関の発行する証明書の請求
　G6□　税金の申告・納付
H　介護契約その他の福祉サービス利用契約等に関する事項
　H1□　介護契約（介護保険制度における介護サービスの利用契約、ヘルパ

　　　　ー・家事援助者等の派遣契約等を含む。）の締結・変更・解除及び費
　　　　用の支払
　　　H2□　要介護認定の申請及び認定に関する承認又は審査請求
　　　H3□　介護契約以外の福祉サービスの利用契約の締結・変更・解除及び費
　　　　用の支払
　　　H4□　福祉関係施設への入所に関する契約（有料老人ホームへの入居契約
　　　　等を含む。）の締結・変更・解除及び費用の支払
　　　H5□　福祉関係の措置（施設入所措置等を含む。）の申請及び決定に関す
　　　　る審査請求
　I　住居に関する事項
　　　I1□　居住用不動産の購入
　　　I2□　居住用不動産の処分
　　　I3□　借地契約の締結・変更・解除
　　　I4□　借家契約の締結・変更・解除
　　　I5□　住居等の新築・増改築・修繕に関する請負契約の締結・変更・解除
　J　医療に関する事項
　　　J1□　医療契約の締結・変更・解除及び費用の支払
　　　J2□　病院への入院に関する契約の締結・変更・解除及び費用の支払
　K　A～J以外のその他の事項（別紙「その他の委任事項目録」記載のとお
　　　り）
　L　以上の各事項に関して生ずる紛争の処理に関する事項
　　　L1□　裁判外の和解（示談）
　　　L2□　仲裁契約
　　　L3□　行政機関等に対する不服申立て及びその手続の追行
　　　L4・1　任意後見受任者が弁護士である場合における次の事項
　　　L4・1・1□　訴訟行為（訴訟の提起、調停若しくは保全処分の申立て又
　　　　　はこれらの手続の追行、応訴等）
　　　L4・1・2□　民事訴訟法第55条第2項の特別授権事項（反訴の提起、訴
　　　　　えの取下げ・裁判上の和解・請求の放棄・認諾・控訴・上告、
　　　　　復代理人の選任等）
　　　L4・2□　任意後見受任者が弁護士に対して訴訟行為及び民事訴訟法第55
　　　　条第2項の特別授権事項について授権をすること
　　　L5□　紛争の処理に関するその他の事項（別紙「紛争の処理等目録」記載
　　　　のとおり）
　M　復代理人・事務代行者に関する事項
　　　M1□　復代理人の選任
　　　M2□　事務代行者の指定

　N　**以上の各事務に関連する事項**
　　N１□　以上の各事項の処理に必要な費用の支払
　　N２□　以上の各事項に関連する一切の事項

　注１　本号様式を用いない場合には、すべて附録第２号様式によること。
　　２　任意後見人が代理権を行うべき事務の事項の□にレ点を付すること。
　　３　上記の各事項（訴訟行為に関する事項〔L４・１〕を除く。）の全部又
　　　は一部について、数人の任意後見人が共同して代理権を行使すべき旨の特
　　　約が付されているときは、その旨を別紙「代理権の共同行使の特約目録」
　　　に記載して添付すること。
　　４　上記の各事項（訴訟行為に関する事項〔L４・１〕を除く。）の全部又
　　　は一部について、本人又は第三者の同意（承認）を要する旨の特約が付さ
　　　れているときは、その旨を別紙「同意（承認）を要する旨の特約目録」に
　　　記載して添付すること。（第三者の同意（承認）を要する旨の特約の場合
　　　には、当該第三者の氏名及び住所（法人の場合には、名称又は商号及び主
　　　たる事務所又は本店）を明記すること。）。
　　５　別紙に委任事項・特約事項を記載するときは、本目録の記号で特定せず
　　　に、全文を表記すること。

〈資料14〉　代理権目録（附録第２号様式）

代　理　権　目　録

一、何　　何
一、何　　何
一、何　　何
一、何　　何
一、何　　何

　注１　附録第１号様式を用いない場合には、すべて本号様式によること。
　　２　各事項（訴訟行為に関する事項を除く。）の全部又は一部について、数
　　　人の任意後見人が共同して代理権を行使すべき旨の特約が付されていると
　　　きは、その旨を別紙「代理権の共同行使の特約目録」に記載して添付する
　　　こと。
　　３　各事項（任意後見受任者が弁護士である場合には、訴訟行為に関する事
　　　項を除く。）の全部又は一部について、本人又は第三者の同意（承認）を
　　　要する旨の特約が付されているときは、その旨を別紙「同意（承認）を要

> する旨の特約目録」に記載して添付すること（第三者の同意（承認）を要
> する旨の特約の場合には、当該第三者の氏名及び住所（法人の場合には、
> 名称又は商号及び主たる事務所又は本店）を明記すること。）。
>
> 4　別紙に委任事項・特約事項を記載するときは、本目録の記号で特定せず
> に、全文を表記すること。

※附録第2号様式の代理権目録については、日本公証人連合会が記載例を公表してい
ますので、次に掲げます。

〈資料15〉　附録第2号様式による任意後見契約の代理権目録

（日本公証人連合会編著『新版　証書の作成と文例——家事関係編〔改訂版〕』122頁）

〔記載例Ⅰ〕

代理権目録（任意後見契約）

1　不動産、動産等全ての財産の保存、管理及び処分に関する事項
2　金融機関、証券会社及び保険会社との全ての取引に関する事項
3　甲の生活費の送金及び生活に必要な財産の取得、物品の購入その他の日常
　生活関連取引並びに定期的な収入の受領及び費用の支払に関する事項
4　医療契約、入院契約、介護契約その他の福祉サービス利用契約、福祉関係
　施設入退所契約に関する事項
5　要介護認定の申請及び認定に関する承認又は審査請求に関する事項
6　訴訟行為（民事訴訟法第55条第2項の特別授権事項を含む。）に関する事
　項
7　以上の各事項に関連する一切の事項

〔記載例Ⅱ〕

代理権目録（任意後見契約）

1　不動産、動産等全ての財産の保存、管理及び処分に関する事項
2　金融機関、証券会社との全ての取引に関する事項
3　保険契約（類似の共済契約等を含む。）に関する事項
4　定期的な収入の受領、定期的な支出を要する費用の支払に関する事項
5　生活費の送金、生活に必要な財産の取得に関する事項及び物品の購入その
　他の日常関連取引（契約の変更、解除を含む。）に関する事項
6　医療契約、入院契約、介護契約その他の福祉サービス利用契約、福祉関係

　施設入退所契約に関する事項

7　要介護認定の申請及び認定に関する承認又は審査請求並びに福祉関係の措置（施設入所措置を含む。）の申請及び決定に対する審査請求に関する事項

8　シルバー資金融資制度、長期生活支援資金制度等の福祉関係融資制度の利用に関する事項

9　登記済権利証・登記識別情報、印鑑、印鑑登録カード、住民基本台帳カード、個人番号（マイナンバー）カード・個人番号（マイナンバー）通知カード、預貯金通帳、キャッシュカード、有価証券・その預り証、年金関係書類、健康保険証、介護保険証、土地・建物賃貸借契約書等の重要な契約書類その他重要書類の保管及び各事項の事務処理に必要な範囲内の使用に関する事項

10　居住用不動産の購入及び賃貸借契約並びに住居の新築・増改築に関する請負契約に関する事項

11　登記及び供託の申請、税務申告、各種証明書の請求に関する事項

12　遺産分割の協議、遺留分侵害額請求、相続放棄、限定承認に関する事項

13　配偶者、子の法定後見開始の審判の申立てに関する事項

14　新たな任意後見契約の締結に関する事項

15　以上の各事項に関する行政機関への申請、行政不服申立て、紛争の処理（弁護士に対する民事訴訟法第55条第2項の特別授権事項の授権を含む訴訟行為の委任、公正証書の作成嘱託を含む。）に関する事項

16　復代理人の選任、事務代行者の指定に関する事項

17　以上の各事項に関連する一切の事項

Q26 任意後見契約の内容（基本型）を修正して利用する場合

任意後見契約の内容の基本型を修正する場合を説明してください。

任意後見契約の内容としては、Q22で紹介した任意後見契約文例（将来型）が基本型ですが、修正することもできます。

1　任意後見監督人の同意

任意後見人は任意後見監督人の監督を受けながら後見事務を遂行するのですが、任意後見監督人は、原則として、任意後見人の報告を事後的にチェックすることになります。

しかし、重要な事柄については、本人（委任者）が、慎重に処理してほしいと考える場合もあるでしょう。このような場合、任意後見契約において、任意後見人が重要な事項について代理権を行使するためには任意後見監督人の書面による同意を要すると定めることができます〈資料16〉。この特約は登記されることになります。

〈資料16〉　同意を要する特約目録
（日本公証人連合会編著『新版　証書の作成と文例――家事関係編〔改訂版〕』125頁）

同意を要する特約目録

　乙が以下の行為を行うには、個別に任意後見監督人の書面による同意を要する。
1　居住用不動産の購入及び処分
2　不動産その他重要な財産の処分
3　弁護士に対する民事訴訟法第55条第2項の特別授権事項の授権を含む訴訟行為の委任
4　復代理人の選任

2　共同代理

　共同代理とは、複数の任意後見人が共同で行うのでなければ代理権を行使できないとする方式です。共同代理は、後見事務を慎重に行わせ、過誤や不正を防止する効果が期待できます。共同代理の場合、1通の公正証書で作成します。ただし、任意後見監督人選任の時点で、任意後見受任者の一人が任意後見人として不適格である場合（任意後見法4条1項3号）には、全体として任意後見契約が発効しないことになる点に注意してください。

〈資料17〉　代理権の共同行使の特約目録
（日本公証人連合会編著『新版　証書の作成と文例——家事関係編〔改訂版〕』126頁）

代理権の共同行使の特約目録

　任意後見受任者（任意後見人）○○○○及び○○○○は、共同して委任事務を処理（代理権を行使）するものとする。

3　事務分掌方式

　任意後見契約では、一般に、一人の任意後見人がすべての事務を行う内容で契約が結ばれていることが多いと思われます。

　しかし、「○○の事務はAに委任し、△△の事務はBに委任する」という形態（事務分掌方式）を利用する方法もあります。この場合にはAとBのそれぞれについて代理権目録を作成することになります。

　たとえば、財産が多額で管理が複雑である場合に、身上保護については親族が事務を行い、財産管理については専門職（弁護士、司法書士など）が事務を行うことが考えられます。

　この場合、契約は本人と各任意後見受任者との複数の契約となり、1通の公正証書で行うこともできますし、任意後見受任者ごとに複数の公正証書で行うこともできます。任意後見受任者の一人が任意後見人として不適格とな

った場合でも、適格な任意後見受任者については任意後見監督人を選任して任意後見契約を発効させることができます。

　複数の公正証書で行う場合、一部の任意後見契約だけが発効することもあり得ますので、同時に契約する場合には1通の公正証書で行ったほうがよいでしょう。

4　リレー方式（予備的受任者）

　せっかく任意後見契約を締結しても、任意後見受任者が本人よりも先に死亡したり、あるいは、加齢や疾病などにより任意後見人としての職務を十分に果たせなくなる事態が生じることもあります。

　そこで、このような場合に備えて、第1順位の任意後見受任者Aを設定し、Aが任意後見人としての職務を十分に果たすことができなくなった場合のために、予備的に第2順位の任意後見受任者Bを定めておくことが考えられます（この場合のBを「予備的受任者」といいます）。

　ただし、後見登記法では、このような登記は認められていませんので、実務上は、AとBの両者を任意後見受任者とし、Aが職務を行うことができなくなったときにはBが職務を行うという契約を締結しておくことになります（リレー方式）。このような契約は1通の公正証書でもできますし、2通の公正証書ですることもできます。

〈資料18〉　予備的受任者の定め
（日本公証人連合会編著『新版　証書の作成と文例──家事関係編〔改訂版〕』134頁）

第1条（契約の趣旨）
　　甲は、乙及び丙に対し、令和〇年〇月〇日、任意後見契約に関する法律に基づき、精神上の障害により事理を弁識する能力が不十分な状況における甲の生活、療養看護及び財産の管理に関する事務（以下「後見事務」という。）を委任し、乙及び丙は、これを受任する（以下「本契約」という。）。
第2条（契約の発効時期等）
　　本契約のうち、甲乙間に関するものは、家庭裁判所が、請求により、乙に

ついて任意後見監督人を選任した時からその効力を生ずる。
2　本契約のうち、甲丙間に関するものは、家庭裁判所が、請求により、丙について任意後見監督人を選任した時からその効力を生ずる。
3　本契約の効力発生後における甲と乙又は甲と丙との法律関係については、任意後見契約に関する法律及び本契約に定めるもののほか、民法の規定に従う。

第3条（任意後見監督人の選任請求）
　甲が精神上の障害により事理を弁識する能力が不十分な状況になったときは、乙は、速やかに、家庭裁判所に対し、乙について任意後見監督人の選任の請求をしなければならない。
2　丙は、甲が精神上の障害により事理を弁識する能力が不十分な状況になった場合において、乙が前項の選任の請求をしないとき、又は乙が死亡、病気等により任意後見人としての職務の遂行が不可能又は困難であるときは、速やかに、家庭裁判所に対し、丙について任意後見監督人の選任の請求をしなければならない。

5　任意後見監督人候補者の指定

　任意後見監督人は家庭裁判所が選任します（任意後見法4条1項）。したがって、本人（委任者）が希望する人が任意後見監督人に選任されるというわけではありません。

　任意後見契約において任意後見監督人の候補者を指定しても家庭裁判所は、これに拘束されません。

　東京家庭裁判所後見センターは、このように指定された候補者を任意後見監督人に選任することはなく、利害関係のない公正な第三者を選任しており、例外的な取扱いを認めていません（Q49参照）。

Q27　任意後見契約と関連する契約・制度——財産管理等委任契約、見守り契約、死後の事務委任契約、民事信託等

任意後見契約と関連する契約や制度にはどのようなものがありますか。

任意後見契約と併せて利用することで、本人（委任者）の意思を実現できる契約や制度があります。たとえば財産管理等委任契約、見守り契約、死後の事務委任契約、民事信託（家族信託）などです。

　これらは、任意後見契約と同時に締結または利用されたり、任意後見契約と同一の公正証書の中で締結されることもありますが、任意後見契約とは別のものであることに注意が必要です。したがって、任意後見監督人による監督や、任意後見監督人を通じた家庭裁判所の監督に服するものではありません。また、これらは、任意後見契約を締結するのとは別に、それだけを単独で利用することもできます。

　任意後見契約とは別の契約または制度であることを理解したうえで、利用するか否かを決めてください。

1　財産管理等委任契約

　財産管理等委任契約においては、本人の判断能力が十分にある段階で、受任者が、本人（委任者）との契約に基づいて財産管理等を行うものです。

　任意後見契約は本人の判断能力が低下した後に発効するものですから、身体能力が低下しても、判断能力がある限り任意後見契約は発効しません。しかし、たとえば加齢に伴う身体機能の低下によって、財産を管理することや各種の手続を行うことが困難になった場合には、誰かにこのような管理や手

続を行ってもらいたいと思うかもしれません。このような場合に財産管理等委任契約を締結することで、受任者にこれらを職務として行ってもらうことができます（ちなみに、任意後見契約と同時に財産管理等委任契約を締結する場合が「移行型」と呼ばれています。Q23参照）。

　財産管理等委任契約では、本人が受任者を監督できる能力を持っていることが前提とされているため、第三者や公的機関による監督は当然にはなされず、受任者の権限濫用を防止することが困難になることもあります。また、本人に判断能力があるのですから、重要な事項については本人が直接行うことができます。そこで、財産管理等委任契約において受任者に委ねる代理権の範囲については、必要なものに限ることとし、任意後見契約における任意後見人の代理権の範囲より狭くすることが適当とされています（Q23参照）。

　日本公証人連合会が公表している書式でも「移行型の場合の委任契約の代理権目録」〈資料19〉の内容は、不動産の処分行為が記載されていないなど、「任意後見契約における代理権目録」の内容より狭くなっています。

〈資料19〉　移行型の場合の委任契約の代理権目録
（日本公証人連合会編著『新版　証書の作成と文例——家事関係編〔改訂版〕』154頁）

代理権目録（委任契約）

1　甲の有する一切の財産の管理、保存
2　下記金融機関との全ての取引
　(1)　○○銀行○○支店
　(2)　○○信用金庫○○支店
　(3)　ゆうちょ銀行
　(4)　甲が取引をするその他の金融機関
3　家賃、地代、年金その他の社会保険給付等定期的な収入の受領、家賃、地代、公共料金等定期的な支出を要する費用の支払並びにこれらに関する諸手続等一切の事項
4　生活に必要な送金及び物品の購入等に関する一切の事項
5　保険契約の締結、変更、解除、保険料の支払、保険金の受領等保険契約に関する一切の事項

> 6　登記の申請、供託の申請、住民票、戸籍事項証明書、登記事項証明書の請求、税金の申告・納付等行政機関に対する一切の申請、請求、申告、支払等
> 7　医療契約、入院契約、介護契約、施設入所契約その他の福祉サービス利用契約等、甲の身上監護に関する一切の契約の締結、変更、解除、費用の支払等一切の事項
> 8　要介護認定の申請及び認定に関する承認又は審査請求に関する一切の事項

2　見守り契約

　見守りは、任意後見受任者の重要な活動です（具体的な見守りの方法についてはQ34参照）。

　任意後見契約を結んだ後、本人と任意後見受任者との交流がない場合には、本人の判断能力が低下しているにもかかわらず、適切な時期に任意後見監督人選任の審判申立てがなされないまま放置されるという事態も考えられます。

　任意後見受任者が本人と同居しており、日常的に本人と接触がある場合には、任意後見受任者は本人の心身の状況を十分に把握することができますから、本人の判断能力が低下した際には速やかに任意後見監督人選任の審判申立てが行われ、任意後見人としての職務遂行が始まることが期待できるでしょう。

　しかし、任意後見受任者が本人と日常的に接することがない者、たとえば弁護士や司法書士などの専門職である場合には、本人の判断能力が低下していることを把握する時期が遅れてしまう可能性もあります。

　このような場合、任意後見契約とは別に、任意後見受任者が定期的に本人と面談したり連絡をすることによって本人の安否や心身の状況を把握するという内容の契約を締結しておくことが考えられます。これが一般に「見守り契約」と呼ばれているものです。

　「見守り契約」は、任意後見契約の条項として定めてもかまいませんし、別途の契約としてもよいでしょう。文案については、公証人に相談すれば適

切な文案を紹介してもらうことができます。

　なお、弁護士や司法書士などの専門職が任意後見受任者となる場合などには、具体的に「○カ月ごとの面談」や「○週ごとの電話連絡」など見守りの内容や報酬についても規定したほうがよいでしょう。

3　死後の事務委任契約

　任意後見契約は本人が死亡すれば終了しますので、原則として、本人の死後の事務は任意後見人の職務にはなりません（Q48参照）。

　例外的に、死後の事務のうち、急迫な事情があって相続人による事務処理が可能となるまでの間に処理しなければならない事項、たとえば、病院代や家賃・地代の支払いなどは、委任終了後の応急的な処分（民法654条）として任意後見人が処理しなければならないとされています（ただし、相続人の意向に反する場合には処理すべきではないでしょう）。

　したがって、死後の事務として想定される葬儀・埋葬・永代供養などの事務を行ってもらうためには、任意後見契約とは別に「死後の事務処理に関する委任契約」を締結しておく必要があります。死後の事務については、任意後見人とは別の者に依頼してもかまいませんが、任意後見人に依頼すると円滑に行ってもらうことができるでしょう。

　死後の事務委任契約の有効性については、最高裁平成4年9月22日判決（金法1358号55頁）が、委任者と受任者の間で、委任者の生前に結ばれた、病院への支払い、葬式を含む法要の施行とその費用の支払い、家政婦などに対する謝礼金の支払いを依頼する契約は、委任者の死亡によっても終了しない旨の判断を行っています。

　死後の事務委任契約について、日本公証人連合会が文例を公表しています。

〈資料20〉　死後の事務委任
（日本公証人連合会編著『新版　証書の作成と文例──家事関係編〔改訂版〕』165頁）

第○○条（死後の事務処理に関する委任契約）
1　甲は、乙に対し、甲の死後の次の事項を委任する。
　(1)　甲の生前に発生した乙の後見事務に関わる債務の弁済
　(2)　入院保証金、入居一時金その他残債権の受領
　(3)　甲の葬儀、埋葬に関する事務及び菩提寺に対する甲の永代供養の依頼に
　　　関する事務
　(4)　相続財産管理人の選任の申立て
2　乙は、相続財産の額を考慮し、相当な額を、前項(3)の費用として、甲の財
　産からあらかじめ受け取ることができる。

4　遺　言

　任意後見契約と併せて遺言書が作成される場合も多いようです。

　たとえば、①世話になった人に遺産を贈りたい、②子がいない場合で配偶者（夫や妻）に遺産のすべてを渡したい、③特定の相続人に特定の財産を渡したい（たとえば、事業を承継する長男に会社の株式を渡したい）など、本人が、自分の死後における財産の分割方法について希望を持っている場合には、遺言を作成したほうがよいでしょう。

　遺言書の作成方法には、主として「自筆証書遺言」と「公正証書遺言」がありますが、確実な遺言を残したいのなら公正証書遺言によるべきです。

　なお、任意後見人となってくれた者に謝礼として遺言で財産を贈りたいという人もいるかもしれません。しかし、弁護士や司法書士などの専門職が任意後見人である場合は、高い倫理性が求められることから、任意後見人の報酬のほかに遺言によって財産を受け取ることは避けるべきです。

5　尊厳死宣言（リビング・ウィル）

　「尊厳死」とは、回復の見込みのない末期状態の患者に対し、生命維持治

療を差し控え、または中止し、人間としての尊厳を保ちつつ、死を迎えさせることです。自分が末期状態になった際において、生命維持治療の差控え・中止をするように指示する文書が「リビング・ウィル」です。公正証書で作成されたリビング・ウィルを「尊厳死宣言公正証書」といいます。

　日本公証人連合会が尊厳死宣言公正証書の文例を公表しています。

〈資料21〉　尊厳死宣言
（日本公証人連合会編著『新版　証書の作成と文例——家事関係編〔改訂版〕』235頁）

尊厳死宣言公正証書

　本公証人は、尊厳死宣言者○○○○の嘱託により、平成○○年○月○日、その陳述内容が嘱託人の真意に基づくものであることを確認の上、宣言に関する陳述の趣旨を録取し、この証書を作成する。

第1条　私○○○○は、私が将来、病気、事故又は老衰等（以下「傷病等」という。）により、現在の医学では不治の状態に陥り、かつ、死期が迫っている場合に備えて、私の家族及び私の医療に携わっている方々に以下の要望を宣言します。

(1)　私の傷病等が現在の医学では不治の状態に陥り既に死期が迫っていると担当医を含む2名以上の医師により診断された場合には、死期を延ばすためだけの延命措置は一切行わないでください。

(2)　しかし、私の苦痛を和らげる処置は最大限に実施してください。そのために、麻薬などの副作用により死亡時期が早まったとしてもかまいません。

第2条　この証書の作成に当たっては、あらかじめ私の家族である次の者の了承を得ております。

　　　　妻　　　○　○　○　○
　　　　　　　　　昭和　年　月　日生
　　　　長男　　○　○　○　○
　　　　　　　　　昭和　年　月　日生
　　　　長女　　○　○　○　○
　　　　　　　　　昭和　年　月　日生

　私に前条記載の症状が発生したときは、医師も家族も私の意思に従い、私が人間として尊厳を保った安らかな死を迎えることができるよう御配慮ください。

第3条　私のこの宣言による要望を忠実に果たしてくださる方々に深く感謝申し上げます。そして、その方々が私の要望に従ってされた行為の一切の責任

は、私自身にあります。
　警察、検察の関係者におかれましては、私の家族や医師が私の意思に沿った行動を取ったことにより、これらの者を犯罪捜査や訴追の対象とすることのないよう特にお願いします。
第 4 条　この宣言は、私の精神が健全な状態にあるときにしたものであります。したがって、私の精神が健全な状態にあるときに私自身が撤回しない限り、その効力を持続するものであることを明らかにしておきます。

6　民事信託（家族信託）

　信託とは、委託者が信頼できる第三者（受託者）に財産権を移転し、一定の目的（信託目的）に従い、受託者が受益者のために当該財産（信託財産）を管理処分する制度で、信託法によって定められています。

　高齢者や障害者が委託者兼受益者となって、将来的に判断能力が低下した場合にも、信託財産から生じる利益を受けることができるように信託契約を締結することが考えられます。受託者が委託者または受益者の親族である場合の信託契約を、家族信託と呼ぶこともあるようです。

　受益者に成年後見等が開始した以降も（または任意後見契約が発効した以降も）、信託契約は継続します。受益者の成年後見人等は、受益権を行使することはできますが、信託財産は受託者に移転していますので、信託財産を管理処分することはできません。

　他方、受託者は、受益者のほかの財産（信託財産以外の財産）を管理・処分することはできず、また、受益者を代理して法律行為（たとえば、介護サービス契約）をすることはできません。受益者の信託財産以外の財産管理や法律行為については、成年後見制度を利用する必要があります。

Q28　任意後見契約の変更

任意後見契約を変更することはできるのですか。

 任意後見契約を締結した後に、状況の変化等に応じて、契約の内容を変更することができます。以下で場合に分けて説明しましょう。

1　代理権を行使すべき事務の範囲を拡張する場合

たとえば、不動産について、任意後見人が管理の代理権のみを持っており、売却の代理権は有していなかったところ、売却の代理権を追加する場合などです。この場合、①既存の任意後見契約を解除して（Q30参照）、新たに付与する代理権を含めた任意後見契約を締結する方法と、②既存の任意後見契約を維持しつつ、追加代理権目録により新たな代理権を付与する任意後見契約を締結する方法があります。いずれも公正証書を作成する必要があります。なお、新たな任意後見契約は、既存の任意後見契約を作成した公証役場で作成する必要はありません。

②の方法によると、二つの任意後見契約が併存することになり、すべての代理権を証明するためには複数の登記事項証明書が必要になるなど、事務の取扱いが複雑になりますので、①の方法によることが望ましいでしょう。

2　代理権を行使すべき事務の範囲を縮減する場合

たとえば、任意後見人が、不動産の管理および売却の代理権を有していたところ、売却の代理権をやめて管理の代理権だけにするという場合です。この場合、任意後見契約については、一部だけを解除することは許されていな

いので、既存の任意後見契約を全部解除（Q30参照）したうえで、新規に任意後見契約の公正証書を作成することになります。

3　代理権を行使する方法を変更する場合

たとえば、複数の任意後見人がそれぞれ代理権を単独で行使できるとする内容の任意後見契約について、共同して行使するように変更する場合や、逆に、共同行使となっていたものを単独で行使できるように変更する場合などが考えられます。あるいは、任意後見人の権限行使にあたって、本人や任意後見監督人の同意を要するように変更する場合も考えられます。

任意後見契約においては、代理権行使方法に関する条項だけを変更するような一部だけの変更は認められていないので、このような場合、既存の任意後見契約を全部解除したうえで（Q30参照）、新規の任意後見契約の公正証書を作成することになります。

4　代理権を行使するべき事務以外の事項を変更する場合

たとえば、報酬の額などを変更する場合には、変更契約を作成することになります。この場合、公正証書によって作成する必要があります。

5　任意後見人を変更する場合

任意後見人（任意後見受任者）を変更する場合、既存の任意後見契約を解除して、新たに別の任意後見受任者と任意後見契約を締結することになります。

Q29　任意後見契約の発効——任意後見監督人の選任

任意後見契約はいつから効力が生じるのですか。

1　任意後見監督人の選任による発効

　　任意後見契約は、家庭裁判所が任意後見監督人を選任した時から効力を生じます（任意後見法2条1号）。本人はすでに判断能力が不十分な状態にあることから、任意後見監督人の監督下においてのみ任意後見人がその権限を行使できるとすることにより、受任者である任意後見人の権限の濫用を防止する趣旨です。

　効力が生ずる時期について、たとえば、本人が判断能力を喪失した時や、本人が一定の年齢（たとえば80歳）に達した時に効力が生ずるとする特約を結んでいた場合には、任意後見契約の要件を満たさず、任意後見契約としては無効です。

2　任意後見監督人選任の手続

⑴　管轄裁判所
本人の住所地の家庭裁判所が管轄します。

⑵　請求権者
　任意後見監督人の選任の審判の請求をすることができる者は、①本人、②配偶者、③4親等内の親族、④任意後見受任者です（任意後見法4条1項柱書）。

⑶　本人の申立てまたは同意
　本人以外の者の請求により任意後見監督人を選任するには、あらかじめ本人の同意がなければなりません（任意後見法4条3項本文）。本人が任意後見

契約の効力を発生させることについて同意しなければ、任意後見契約は発効しないのです。これは本人の自己決定を尊重する趣旨です。

　ただし、本人がその意思を表示することができない場合、たとえば、意思能力を喪失していて意思を表示することができない場合には、本人の同意を得る必要はありません（任意後見法 4 条 3 項ただし書）。

⑷　審　判

　家庭裁判所は、任意後見監督人を選任する審判を行います。この審判は、任意後見監督人、任意後見受任者、本人に告知され、これによって任意後見契約が発効します（Q37参照）。

3　任意後見監督人が選任されるための要件

　任意後見監督人が選任されるためには、以下の要件が必要になります。

①　任意後見契約が登記されていること

　　任意後見監督人が選任されるためには「任意後見契約が登記されていること」が必要です（任意後見法 4 条 1 項）。家庭裁判所が登記によって任意後見契約の存在を確認するためです。

②　本人が、精神上の障害により、事理を弁識する能力が不十分な状況にあること

　　これは、法定後見制度の補助の対象である「精神上の障害により事理を弁識する能力が不十分である者」と同程度の状態を指します。保佐の「精神上の障害により事理を弁識する能力が著しく不十分である者」や後見の「精神上の障害により事理を弁識する能力を欠く常況にある者」も含みます。

　これらの要件を備えた場合であり、かつ、 4 で述べる「任意後見監督人が選任されない場合」に当たらない場合に、任意後見契約が発効することになります。

4　任意後見監督人が選任されない場合

　以下の場合には、任意後見監督人は選任されません（任意後見法4条1項）。すなわち、任意後見契約は発効しないことになります。

① 　本人が未成年者である場合（同項1号）

　　本人が未成年の場合には、親権者または未成年後見人との権限の抵触・重複を回避する必要があることから、任意後見監督人は選任されません。この場合の本人の保護は、親権者または未成年後見人が担うことになります。

② 　本人が成年被後見人、被保佐人または被補助人である場合において、当該本人について後見、保佐または補助を継続することが本人の利益のため特に必要であると認めるとき（同項2号）

　　本人について、法定後見（後見、保佐、補助）が開始している場合であっても、自己決定の尊重のため、原則として任意後見が優先されますから、任意後見監督人が選任されて、法定後見開始の審判は取り消されます（同4条2項）。ただし、法定後見を継続することが本人の利益のため特に必要な場合には、任意後見監督人は選任されず、法定後見が継続することになります。「本人の利益のため特に必要があると認めるとき」については、Q7を参照してください。

③ 　任意後見受任者に不適任な事由がある場合（Q11参照）

Q30　任意後見契約の終了①──解除（辞任を含む）

任意後見契約を締結した後に、解除することができますか。

1　任意後見契約の解除

　　任意後見契約を締結した後、本人が、任意後見受任者が信用できなくなったので契約を解除したいと考えるようになったり、任意後見受任者が、生活状況が変わったので辞任したいと思うこともあります。

　任意後見契約は、委任契約の類型の一つです。委任契約の原則によれば、各当事者はいつでも、相手方との合意によらなくとも解除できることになります（民法651条 1 項）。しかし、任意後見契約を自由に解除することを認めると、本人を保護するという任意後見法の趣旨に反することになります。

　そこで、任意後見法 9 条は、任意後見契約の解除について、委任契約の解除の特則を設け、その要件・方式に制限を加えて、本人保護に配慮しています。また、任意後見監督人が選任される前と後では、本人を保護する必要性の程度が異なることから、異なる制限が課されています（後記 2 ・ 3 参照）。

　なお、解除権を行使することは法律行為に当たりますから、任意後見契約を解除するには、解除権を行使しようとする者に意思能力が存する必要があります。東京地裁平成18年 7 月 6 日判決（判時1965号75頁）は、先行の任意後見契約が締結された後、高齢者である本人によって解除され、後行の任意後見契約が締結された場合について、本人に意思能力がないことから、先行の契約の解除および後行の契約の締結を無効としています。

2　任意後見監督人選任前の解除

(1)　公証人の認証によることが必要

　任意後見監督人が選任される前、すなわち任意後見契約が発効する前であれば、本人には判断能力がありますから、解除の自由を制限する必要はありません。そこで、本人もしくは任意後見受任者は、委任契約の一般原則どおり、いつでも任意後見契約を解除できるものとされています（一方からの解除）。また、双方の合意により解除することもできます（合意解除）。

　ただし、いずれについても、方式については、任意後見契約の締結が公正証書による要式行為とされていることとの均衡を考慮して、当事者の真意に基づく解除であることを担保するため、公証人の認証（公証人法58条以下）を受けた書面によることが要件とされています（任意後見法9条1項）。認証とは、公証人が、私署証書の署名・押印または記名・押印の真正を証明することです。

　なお、公証人の認証の方法は、①目撃認証・面前認証（当事者が公証人の面前で証書に署名または押印をする）、②自認認証（当事者が公証人の面前で証書の署名または押印を自認する）、③代理自認・代理認証（代理人が公証人の面前で証書の署名または押印が本人のものであることを自認する）がありますが、東京地裁平成19年4月27日判決（成年後見法研究7号146頁）は、代理自認・代理認証でも適法であるとしています。

(2)　一方からの解除

　本人もしくは任意後見受任者による一方からの解除の場合、通常、配達証明付き内容証明郵便で解除通知書を相手方に送ることになります。

　具体的には、所定の様式の解除通知書を3通作成して公証人の認証を受けます。これを内容証明郵便を取り扱っている郵便局に持っていきます。1通は相手方に郵送され、1通は日本郵便株式会社が5年間保存し、1通は差出人が保存するために返却されます。

　解除通知書は、相手方に到達した時に解除の効力が生じます。

　解除の効力が生じれば、解除による任意後見終了の登記を申請する必要があります。手続は、郵便局引受記載印のある解除通知書の控えと配達証明書のハガキを添付して法務局に申請を行います。

〈資料22〉　**任意後見契約解除の内容証明文例**

（日本公証人連合会編著『新版　証書の作成と文例──家事関係編〔改訂版〕』203頁）

通　知　書

　当方は、貴殿との間で、平成〇〇年〇月〇日××法務局所属公証人甲野太郎作成同年第〇〇号任意後見契約公正証書により任意後見契約を締結しましたが、本日、公証人の認証を得たこの書面により同契約を解除致します。

　　平成〇〇年×月×日

　　　　　　　　　　〇〇市〇〇区〇〇１丁目×番×号

　　　　　　　　　　　（委任者）　　春　野　秋　子　　㊞

〇〇市〇〇区〇〇３丁目×番×号

　　（受任者）　　夏　野　一　郎　殿

---

(3)　合意解除

　合意解除の場合には、解除合意書を作成して、本人と任意後見受任者の双方が署名（もしくは記名）・捺印し、これを公証人に認証してもらうことで解除の効力が発生します。そして、本人または任意後見受任者が、公証人に認証を受けた解除合意書を添付して法務局に任意後見終了の登記の申請を行います。

〈資料23〉　**任意後見契約解除合意書（例）**

任意後見契約解除合意書

　委任者〇〇〇〇（以下「甲」という。）と受任者〇〇〇〇（以下「乙」という。）は、平成〇〇年〇〇月〇〇日〇〇地方法務局所属公証人〇〇〇〇作成同年第〇〇号任意後見契約公正証書により任意後見契約を締結したが、本日、同任意後見契約を合意解除する。

　本書成立の証として本書２通を作成し、甲乙各１通を保有する。

```
　令和○○年○○月○○日
　　　（甲）住　　所
　　　　　　氏　　名　　　　　　　　　　　　　　　　　　　㊞
　　　（乙）住　　所
　　　　　　氏　　名　　　　　　　　　　　　　　　　　　　㊞
```

3　任意後見監督人選任後の解除

⑴　「正当な事由」および「家庭裁判所の許可」の必要性

　任意後見監督人が選任されている段階では、本人はすでに判断能力が低下している状態にあります。このような状況において任意後見人による自由な解除を認めると、任意後見人の無責任な辞任を容認し、本人の保護を図れない結果となるおそれがあります。また、本人が解除することについても、判断能力が低下しているのですから、誤った判断によって本人自身の利益を害することになるかもしれません。

　そこで、任意後見監督人の選任後の解除については、①家庭裁判所の許可、および、②解除することについての「正当な事由」が必要とされています（任意後見法9条2項）。本人または任意後見人が任意後見監督人の選任の審判をした家庭裁判所に対し任意後見契約の解除許可の審判申立てを行い、「正当な事由」を家庭裁判所が判断することにより、本人の保護を図っているのです。

　「正当な事由」の具体例としては、①任意後見人が疾病などにより任意後見人の事務を行うことが事実上困難であること、②本人またはその親族と任意後見人との間の信頼関係が損なわれたため任意後見人の事務を行うことが困難であること、などがあげられます。

　債務不履行（たとえば、任意後見人が職務を果たさないなど）による解除でも、家庭裁判所の許可が必要です。その場合には、債務不履行の事実が「正当な事由」に該当するものと考えられます。

107

　また、合意解除の場合、本人の意思能力や真意を確認したうえで、当事者
双方の真意に基づく合意が成立しているものと認められる場合には、原則と
して、当該合意の事実自体が「正当な事由」に該当するものと考えられます。

　この場合にも、家庭裁判所の許可が必要です。

　本人による解除や合意による解除の場合は、慎重に本人の意思能力や真意
を確認するべきでしょう。

(2)　一方からの解除

　一方からの解除（債務不履行解除を含む）の場合、解除通知書を配達証明
付き内容証明郵便の方法によって相手方に送ります。ただし、任意後見監督
人選任前の解除とは異なり、公証人の認証は不要です。そして、家庭裁判所
に対して任意後見契約の解除許可の審判申立てを行い、許可の審判をもらい
ます。解除通知の発送と家庭裁判所の許可を得る順番が逆でもかまいません。
そのうえで、解除した者が、①郵便局引受記載印のある解除通知書の控え、
②配達証明書のハガキ、③許可の審判書、④許可審判の確定証明書を添付し
て、法務局に任意後見終了の登記の申請を行います。

(3)　合意解除

　合意解除の場合、任意後見監督人選任前の解除と同様に解除合意書を作成
し（公証人の認証は不要です）、家庭裁判所に任意後見契約の解除許可の審判
申立てを行って、許可の審判をもらいます。そのうえで、本人または任意後
見人であった者が、①解除合意書、②許可の審判書、③許可審判の確定証明
書を添付して、法務局に任意後見終了の登記の申請を行います。

Q31　任意後見契約の終了②——解任

任意後見人を解任することはできるのでしょうか。

1　家庭裁判所による解任

　　任意後見人に不正な行為、著しい不行跡その他その任務に適しない事由があるときは、家庭裁判所は、任意後見監督人、本人、その親族または検察官の請求により、任意後見人を解任することができます（任意後見法8条）。判断能力の不十分な本人を保護する観点から、任意後見監督人の監督などを通じて任意後見人の不正行為などの事実が判明した場合に、家庭裁判所に任意後見人の解任権を付与することにより、家庭裁判所の監督権を担保したものです。

2　解任の事由

　解任の事由である「任意後見人に不正な行為、著しい不行跡その他その任務に適しない事由があるとき」について、以下で具体的に確認していきます。なお、名古屋高裁平成22年4月5日決定（裁判所ウェブサイト）は、解任事由は任意後見監督人選任後の事由に限られると判断しました。そして、任意後見受任者の段階およびそれ以前の事由は、解任事由には当たらないものとし、それらは任意後見監督人選任の時点において、任意後見受任者の不適任な事由（任意後見法4条1項3号）に当たるか否かという問題として判断されるべきものとしています。

　①　「不正な行為」

　　　違法な行為または社会的に非難されるべき行為を意味し、主として任意後見人が本人の財産を私的に流用するなどの財産管理に関する不正が

これに当たるとされています。

②　「著しい不行跡」

　著しい不行跡とは、品行ないし操行が甚だしく悪いことを意味し、その行状が本人の財産の管理に危険を生じさせるなど、任意後見人としての適格性の欠如を推認させる場合とされています。直接職務に関係しない行状の問題であっても、それが著しく不適切なものである場合には、本人保護の観点から、任意後見人としての適格性を欠くと考えられているのです。

③　「その他その任務に適しない事由があるとき」

　任意後見人の権限濫用、管理失当（財産の管理方法が不適切であること）、任務怠慢などを指すとされています。

3　解任請求

　家庭裁判所に対し、任意後見人の解任請求をすることができる者は、任意後見監督人、本人、本人の親族または検察官です（任意後見法8条）。

　解任の請求は、任意後見監督人を選任する審判をした家庭裁判所に対して行います（家事事件手続法217条2項）。

　任意後見契約が発効した後であっても、本人は家庭裁判所の許可を得て契約を解除することもできますが（Q30参照）、解任請求をすることにより、解除の書面の送付や終了登記申請の手続的な負担を回避でき、また、任意後見人の不正行為などの事実を手続的に明確にすることができます。

　なお、法定後見と異なり、任意後見人については、家庭裁判所の職権による解任は認められていません。私的自治に対する介入は控えるべきであり、任意後見における家庭裁判所の監督は任意後見監督人を通じての間接的な監督であるからです。

4　解任後の登記

　任意後見人解任の審判が確定すると任意後見契約は終了し、裁判所書記官が登記官に対し終了の登記の嘱託をします。

Q32　任意後見契約の終了③──法定後見の開始

任意後見契約が締結されていると、法定後見を利用することはできないのでしょうか。

A

1　任意後見優先の原則

任意後見契約が登記されている場合には、原則として法定後見（後見・保佐・補助）の開始の審判はなされません（任意後見法10条1項）。任意後見制度による保護を選択した本人の自己決定を尊重する観点から、原則として任意後見が優先することとされているのです。

2　法定後見が開始する場合

任意後見契約が登記されている場合でも、家庭裁判所が「本人の利益のため特に必要があると認めるとき」には、例外的に、法定後見開始の審判がなされます（任意後見法10条1項）。

この場合、法定後見の申立権者（本人、配偶者、4親等内の親族等）、任意後見受任者、任意後見人または任意後見監督人は、家庭裁判所に法定後見開始の審判申立てをすることができます（任意後見法10条2項）。法定後見開始の審判がされれば、任意後見契約は当然に終了します（同条3項）。

この申立ては、本人の住所地の家庭裁判所に行うことになります。

「本人の利益のため特に必要があると認めるとき」とは、①任意後見人の法的権限が不十分な場合、②任意後見人の不当な高額報酬の設定など任意後見契約の内容が不当な場合、③任意後見契約法4条1項3号に該当するような受任者に不適格な事由がある場合、④任意後見契約の有効性に客観的な疑念のある場合、⑤本人が法定後見制度を選択する意思を有している場合など、

任意後見契約によることが本人保護に欠ける結果となる場合をいうものと解されます（高松高裁令和元年12月13日決定・判時2478号70頁・判タ1485号134頁）。

その他の裁判例についてはＱ7を参照してください。

Q33　任意後見契約の終了④──当事者の死亡等

当事者が死亡した場合には、任意後見契約はどうなりますか。

　ここでは、当事者の死亡等、任意後見契約が当然終了する場合について説明します。

1　死亡による終了

　任意後見契約は委任契約の一類型ですから、委任契約の一般原則に従い、本人または任意後見人（任意後見受任者）が死亡すると、任意後見契約は終了します（民法653条 1 号）。

2　その他の終了事由

⑴　本人または任意後見人の破産手続開始

　本人または任意後見人（任意後見受任者）が破産手続開始決定を受けると任意後見契約は終了します（民法653条 2 号）。

⑵　任意後見人（任意後見受任者）の後見開始

　任意後見人（任意後見受任者）が後見開始の審判を受けた場合にも、任意後見契約は終了します（民法653条 3 号）。

⑶　特　約

　特約により終了事由を定めることもできます。

　たとえば、弁護士などの任意後見人が、所属する団体から懲戒処分を受けた場合などには任意後見契約は終了するとの特約を定めることも考えられます。

3 終了登記の申請

　本人・任意後見人の死亡や破産手続開始、任意後見人の後見開始などにより任意後見契約が終了した場合、本人、任意後見人もしくは任意後見監督人は、終了の登記を申請しなければなりません。特約により終了した場合も同様です。

第3章　任意後見人の職務

Q34　任意後見契約発効前の任意後見受任者の事務

任意後見契約を締結したら、任意後見受任者は何をすればよいのでしょうか。

A

1　本人との信頼関係の構築

任意後見人としての職務は任意後見契約が発効した後のこととはいえ、任意後見受任者はそれまで何もしなくてもよい、というわけではありません。たとえば、本人の認知症が進行して猜疑心が強くなったり、攻撃的になったりすることも想定されます。このような場合、本人と任意後見人との間に十分な信頼関係が構築されていないと、任意後見契約が発効したものの、任意後見人としての職務を円滑に遂行できず、結局、辞任せざるを得ないという事態になってしまうかもしれません。

したがって、任意後見受任者としては、本人が元気なうちに、本人との間に十分な信頼関係を構築しておくことが必要です。そのためには、定期的な訪問はもとより、本人はこれまでどのような人生を送ってきたのか、趣味や嗜好、人間関係などを把握して、全人的な関係を構築することが重要だと思われます。

2　将来型の契約を締結している場合

将来型の任意後見契約を締結している場合に任意後見受任者が行うべきことは、定期的に本人の状況を確認して、判断能力が低下した際には速やかに

117

家庭裁判所に任意後見監督人選任の審判申立てを行い、任意後見契約を発効
させることです。したがって、任意後見受任者は、本人の心身の状況を把握
しておく必要があります。この本人の心身の状況を把握するための活動を
「見守り」と呼んでいます。見守りは、任意後見受任者にとって重要な活動です。

　見守り契約（Q27参照）を締結している場合には、その契約内容に従って
本人を見守る必要があります。

　見守り契約を締結していなくても、また、見守りが契約の内容とされてい
なくても、本人の状況に応じた見守りは必要です。具体的には、少なくとも、
1カ月に1回程度は電話などで、3カ月に1回程度は面談のうえ、本人の状
況を確認すべきでしょう。また、判断能力の低下は、本人との面談だけでは
わからないことも多いので、1年に1回は本人を訪問して自宅内の様子を確
認することや、親族・友人・介護関係者（ケアマネジャー、ヘルパー等）から
情報を得ること等の工夫も必要です。

3　即効型の契約を締結している場合

　即効型の任意後見契約を締結している場合には、すでに本人の判断能力が
低下している状況ですから、任意後見契約を締結した後、速やかに任意後見
監督人選任の審判申立てをしなければなりません。任意後見監督人が選任さ
れるためには、任意後見契約の登記がなされていなければなりませんから、
この申立ては、任意後見契約の登記が完了した後になります。日本公証人連
合会の書式では、「本契約に基づく任意後見契約締結の登記完了後直ちに
（○○日以内に）家庭裁判所に対し、任意後見監督人の選任の請求をする」と
されています（Q24参照）。

4　移行型の契約を締結している場合

　移行型の契約を締結している場合の受任者の事務内容については、Q35を
参照してください。

Q35　移行型の契約を締結している場合の任意後見契約発効前の事務

> 移行型の任意後見契約を結んでいる場合、受任者は、任意後見契約が発効するまでの間、どのような事務を行えばよいのでしょうか。

　　　　　任意後見契約とあわせて、判断能力が低下する前の財産管理等委任契約を締結している場合（移行型）には、受任者は、任意後見契約の発効までの間は、財産管理等委任契約の内容に従って財産管理等を行うことになります（Q23・27参照）。

財産管理等委任契約の内容は自由に決めることができますが、以下では、Q23の日本公証人連合会の文例を基に説明します〈資料11〉。

1　財産管理等の開始と内容

　財産管理等委任契約の受任者は、代理権目録に記載された事務を行いますが（Q27参照）、この段階では本人の判断能力が存する状態ですので、財産管理等を開始する時期や範囲を含め、重要な事項については本人と十分に相談したうえで行うことが必要でしょう。

　任意後見契約・財産管理等委任契約の締結をしても直ちに受任者による財産管理等が開始するとは限りません。本人と受任者が相談して、いつ、どのような事務を開始するのかが決められることになります。

　受任者は、本人から、①登記済権利証・登記識別情報、②実印・銀行印、③印鑑登録カード、住民基本台帳カード、個人番号（マイナンバー）カード・個人番号（マイナンバー）通知カード、④預貯金通帳、⑤キャッシュカード、⑥有価証券・その預り証、⑦年金関係書類、⑧健康保険証、介護保険証、⑨土地・建物賃貸借契約書等の重要な契約書類などを預かった際には

（〈資料11〉の４条１項）、預り証を交付して保管し、これらを使用して受任した事務処理を行います（同条２項）。

　財産管理等委任契約は、任意後見契約とは異なり登記されませんので、受任者がその代理権を証明するためには、財産管理等委任契約の契約書を示すことになります。ただし、①財産管理等委任契約はすでに解約されている、②ほかにも財産管理等委任契約が締結されている、③後見が開始している、などの事情により受任者の権限がないという事態もありうることから、金融機関などは受任者との取引に慎重になることも想定されます。このような場合は、本人が金融機関などに委任状を提出するなどの必要があるかもしれません。

　受任した事務処理に必要な費用は本人の負担となり、受任者は管理している本人の財産から支出することができます（〈資料11〉の５条）。報酬の有無および金額は契約により定められています（〈資料11〉の６条）。

　受任者は本人に対して、契約によって定められた一定期間ごとに、委任事務処理の状況につき報告書を提出して報告しなければならず（〈資料11〉の７条１項）、また、本人はいつでも委任事務処理状況につき報告を求めることができます（同条２項）。

2　任意後見受任者としての事務

　受任者は、財産管理等委任契約の受任者であるとともに、任意後見契約の受任者でもありますから、将来型の任意後見契約の受任者と同じ事務を行います。

　本人の判断能力が低下した際には、速やかに、家庭裁判所に対して任意後見監督人選任の審判申立てをしなければなりません（〈資料11〉の２条１項）。見守り契約（Q27参照）を締結している場合には、その契約内容に従って本人を見守る必要があります。

　見守り契約を締結していなくとも、また、見守りが契約の内容とされてい

なくても、少なくとも、1カ月に1回程度は電話などで、3カ月に1回程度は面談のうえで、本人の状況を確認すべきでしょう。財産管理等委任契約の受任者は、財産管理等の事務処理の状況を委任者に報告する義務がありますから、その際に本人の状況を確認すればよいでしょう。

3　財産管理等委任契約の終了

財産管理等委任契約は一般には次の場合に終了するとされています。

① 任意後見契約が効力を生じた場合（〈資料11〉の2条2項）

② 本人または受任者が死亡し、または破産手続開始決定を受けたとき（〈資料11〉の10条1項）

③ 本人または受任者が後見開始の審判を受けたとき（〈資料11〉の10条2項）

④ 財産管理等委任契約が解除されたとき（〈資料11〉の10条3項）

Q36　本人の判断能力の確認

> 本人の判断能力が低下したことをどのように確認すればよいのでしょうか。

　任意後見受任者は、本人が精神上の障害により事理を弁識する能力が不十分な状況になった際、速やかに家庭裁判所に任意後見監督人選任の審判申立てをしなければなりません。

　判断能力を調べるための知能検査、心理学的検査については、①ウェクスラー成人知能検査、②田中ビネー知能検査、③改訂長谷川式簡易知能評価スケール、④柄澤式「老人知能の臨床的判断基準」、⑤MMSE（ミニメンタルステート検査）などがあります。専門家でない人がこれらを利用して適切な判断をすることは困難ですが、参考のため③改訂長谷川式簡易知能評価スケール（HDS-R）を紹介します〈資料24〉。また、医学的な診断基準ではありませんが、公益社団法人認知症の人と家族の会が公表している「『認知症』早期発見のめやす」も紹介しておきます〈資料25〉。なお、判断能力の低下は、日常的な会話だけではわからないことが多いので、定期的にこれらのスケールやめやすを使うことも有益でしょう。

　判断力が低下している場合には、介護保険制度における要支援・要介護の状態にあることが多いと思われますので、任意後見監督人選任の審判申立てを進めると同時に、本人が福祉的な援助を全く受けていない場合には、本人が居住している市区町村の介護保険担当部署や管轄の地域包括支援センターに相談するべきと思われます。

　介護保険制度と成年後見制度はともに能力が低下した本人を守るための制度であり、本人を守るための車の両輪といえます。したがって、介護の専門家に相談しながら、任意後見監督人選任の審判申立ての準備を行うべきといえます。

〈資料24〉　改訂長谷川式簡易知能評価スケール

	質　問　内　容	配　　点		
1	お年はいくつですか？（２年までの誤差は正解）		0	1
2	今日は何年の何月何日ですか？何曜日ですか？ （年、月、日、曜日が正解でそれぞれ１点ずつ）		0 0 0 0	1 1 1 1
3	私たちがいまいるところはどこですか？ （自発的にできれば２点　５秒おいて家ですか？病院ですか？施設ですか？のなかから正しい選択をすれば１点）	0	1	2
4	これから言う３つの言葉を言ってみて下さい。あとでまた聞きますのでよく覚えておいて下さい。 （以下の系列のいずれか１つで、採用した系列に○印をつけておく） 1：a）桜　b）猫　c）電車 2：a）梅　b）犬　c）自動車		0 0 0	1 1 1
5	100から７を順番に引いて下さい。 （100－7は？、それからまた７をひくと？と質問する。最初の答えが不正解の場合、打ち切る。それぞれ１点。）		0 0	1 1
6	私がこれから言う数字を逆からいって下さい。 （6－8－2、3－5－2－9を逆に言ってもらう。３桁逆唱に失敗したら、打ち切る）		0 0	1 1
7	先ほど覚えてもらった言葉をもう一度言ってみて下さい。（自発的に回答があれば各２点、もし回答がない場合以下のヒントを与え正解であれば１点） a）植物　b）動物　c）乗り物	a：0　1　2 b：0　1　2 c：0　1　2		
8	これから５つの品物を見せます。それを隠しますのでなにがあったか言って下さい。（時計、鍵、タバコ、ペン、硬貨など必ず相互に無関係なもの）	0　1　2 3　4　5		
9	知っている野菜の名前をできるだけ多く言って下さい。（答えた野菜の名前を記入する。途中で詰まり、約10秒間待っても答えない場合はそこで打ち切る） 0〜5＝0点、6＝1点、7＝2点、8＝3点、9＝4点、10＝5点	0　1　2 3　4　5		
	合計点数			

30点満点中、20点以下は認知症の疑いあり。

〈資料25〉　家族がつくった「認知症」早期発見のめやす

家族がつくった「認知症」早期発見のめやす

　日常の暮らしの中で、認知症の始まりではないかと思われる言動を、「家族の会」の会員の経験からまとめたものです。医学的な診断基準ではありませんが、暮らしの中での目安として参考にしてください。

　いくつか思い当たることがあれば、かかりつけ医などに相談してみることがよいでしょう。

●もの忘れがひどい

□ 1．今切ったばかりなのに、電話の相手の名前を忘れる

□ 2．同じことを何度も言う・問う・する

□ 3．しまい忘れ置き忘れが増え、いつも探し物をしている

□ 4．財布・通帳・衣類などを盗まれたと人を疑う

●判断・理解力が衰える

□ 5．料理・片付け・計算・運転などのミスが多くなった

□ 6．新しいことが覚えられない

□ 7．話のつじつまが合わない

□ 8．テレビ番組の内容が理解できなくなった

●時間・場所がわからない

□ 9．約束の日時や場所を間違えるようになった

□10．慣れた道でも迷うことがある

●人柄が変わる

□11．些細なことで怒りっぽくなった

□12．周りへの気づかいがなくなり頑固になった

□13．自分の失敗を人のせいにする

□14．「このごろ様子がおかしい」と周囲から言われた

●不安感が強い

□15．ひとりになると怖がったり寂しがったりする

□16．外出時、持ち物を何度も確かめる

□17．「頭が変になった」と本人が訴える

●意欲がなくなる

□18．下着を替えず、身だしなみを構わなくなった

□19．趣味や好きなテレビ番組に興味を示さなくなった

□20．ふさぎ込んで何をするのも億劫がりいやがる

（公益社団法人認知症の人と家族の会作成）

Q37　任意後見監督人選任の審判申立て

任意後見監督人選任の審判申立ての手続を教えてください。

1　任意後見監督人の選任の要件

　　任意後見監督人が選任される要件は次のとおりです（任意後見法 4 条 1 項本文・3 項）。

① 　本人の申立てまたは同意（ただし、本人が意思を表示できないときは不要）

② 　任意後見契約が登記されていること

③ 　精神上の障害により本人の事理を弁識する能力が不十分な状況にあること

ただし、これらの要件を満たしていても、以下の場合には、任意後見監督人は選任されません（任意後見法 4 条 1 項ただし書）。

Ⓐ 　本人が未成年者である場合（同項 1 号）

Ⓑ 　本人が成年被後見人、被保佐人または被補助人である場合において、当該本人にかかる後見、保佐または補助を継続することが本人の利益のため特に必要であると認めるとき（同項 2 号）

Ⓒ 　任意後見受任者に不適任な事由がある場合（同項 3 号）

　ⓐ 　未成年者、家庭裁判所で免ぜられた法定代理人・保佐人・補助人、破産者、行方の知れない者

　ⓑ 　本人に対して訴訟をし、またはした者およびその配偶者並びに直系血族

　ⓒ 　不正な行為、著しい不行跡その他任意後見人の任務に適しない事由がある者

2　任意後見監督人選任の審判申立ての手続

(1)　管轄裁判所

本人の住所地（住民登録をしている場所）を管轄する家庭裁判所です。

(2)　選任請求権者

次の者が、任意後見監督人の選任の審判の申立てをすることができます（任意後見法 4 条 1 項）。

① 　本人

② 　配偶者

③ 　4 親等内の親族（親、祖父母、子、孫、ひ孫、兄弟姉妹、甥・姪、おじ、おば、いとこ、配偶者の親・子・兄弟姉妹）

④ 　任意後見受任者

(3)　具体的な手続

家庭裁判所に必要書類を提出して申立てを行います。

以下では、東京家庭裁判所・後見サイトで公表されている〈申立書類一覧表〉を紹介します〈https://www.courts.go.jp/tokyo-f/saiben/kokensite/moushitate_ninnikouken/index.html〉。

必要書類については、各家庭裁判所により若干異なりますので、申立てにあたっては、必ず、事前に、申立てを行う家庭裁判所に問い合わせてください（成年後見専用のウェブサイトを設けている家庭裁判所もあります）。

〈申立書類一覧表〉（東京家裁・後見サイトより）

〈申立書類一覧表〉（東京家庭裁判所後見サイト）

必要書類等	取寄先等
1　申立書類 □任意後見監督人選任申立書 □申立事情説明書（任意後見） □親族関係図 □本人の財産目録及びその資料 □相続財産目録及びその資料（本人が相続人となっている遺産分割未了の相続財産がある場合のみ） 　　□預貯金通帳のコピー 　　（銀行名・支店名，口座名義人，口座番号及び直近2か月分の残高が記載されたページ） 　　□保険証券のコピー 　　（本人が契約者又は受取人になっているもの） 　　□株式・投資信託等の資料のコピー 　　（その内容，数が記載された残高報告書・通知書等のコピー） 　　□不動産の全部事項証明書（原本，申立日から3か月以内のもの） 　　□債権・負債等の資料のコピー □本人の収支予定表及びその資料 　　□収入に関する資料のコピー 　　（年金通知書のコピー，株式配当金の通知書のコピー等） 　　□支出に関する資料のコピー 　　（施設作成の領収書（2か月分）のコピー，住居費（住宅ローン）の領収書（2か月分）のコピー，納税通知書のコピー等） □任意後見受任者事情説明書 　　□任意後見受任者と本人との間で，金銭の貸借，担保提供，保証，立替えがある場合にはその関係資料のコピー	※各書類の記載例は，11ページ以降を，コピーの取り方は33ページをご覧ください。 注意!!：マイナンバーの記載された書類を家庭裁判所に提出しないでください。特に財産や収支の資料を提出される場合はご注意ください。 ※保険証券が手元にない場合には，保険契約が記載された通知書等のコピー ※不動産の全部事項証明書は，最寄りの法務局で入手することができます ※毎月発生する収入・支出関係については，直近2か月分の資料のコピーを提出してください。 ※金融機関を通じて振り込んだり，振り込まれているときは，通帳に取引相手が明記されている場合に限り，領収書等に代えて通帳のコピーを提出することができます。

2	□診断書（成年後見制度用） □診断書付票 　◇いずれも作成後3か月以内のもの □本人情報シート（コピー）	※左記の書類の取得方法等については，「診断書等の準備について」（7ページ）をご確認ください。
3	□本人の戸籍個人事項証明書（戸籍抄本） 　◇申立日から3か月以内のもの	各自治体の担当窓口 ※郵送でも取り寄せることができます。詳しくは各自治体の担当窓口にお問い合わせください。
4	□本人の住民票又は戸籍の附票 　◇申立日から3か月以内のもの 　◇マイナンバーの記載のないもの	※外国籍の方は，国籍・地域の記載された住民票を提出してください。
5	□任意後見受任者の住民票又は戸籍の附票 　（登記事項証明書と申立書の住所が異なる場合のみ） 　◇申立日から3か月以内のもの 　◇マイナンバーの記載のないもの 　◇本人と任意後見受任者が一緒に記載されている場合 　　は，1通	注意!!:マイナンバーの記載された書類を家庭裁判所に提出しないでください。
6	□登記事項証明書（任意後見） □本人が成年被後見人等の登記がされていない 　ことの証明書（証明事項（後見・保佐・補助を受け 　ていないこと）が全て記載されているもの） 　◇いずれも申立日から3か月以内のもの	東京法務局後見登録課（34ページ参照） ※本人以外の方が申請する場合は，申請人と本人との関係を示す戸籍謄本等が必要です。戸籍謄本は写しを持参すれば原本を返してもらえます。郵送でも取り寄せることができます。詳しくは担当窓口にお問い合わせください。 ※申請書の証明事項欄は，「□成年被後見人，被保佐人，被補助人とする記録がない。」の□にチェックを入れてください。 ※申請書の「証明を受ける方」の欄は，「①氏名」から「④本籍」の欄まで全て記入してください。
7	□任意後見契約公正証書のコピー	

8	費用	郵便局など
	★**申立時**（申立書と一緒に提出していただきます。） □収入印紙 　□①申立手数料　８００円分 　□②登記手数料　１４００円分 　　①の内訳例：４００円×２枚 　　②の内訳例：１０００円×１枚，４００円×１枚） □郵便切手（送達・送付費用） 　合計３２７０円 　　内訳：５００円×　３枚 　　　　　１００円×　５枚 　　　　　　８４円×１０枚 　　　　　　６３円×　４枚 　　　　　　２０円×　６枚 　　　　　　１０円×　６枚 　　　　　　　５円×　２枚 　　　　　　　１円×　８枚 ★**申立後**（鑑定が必要な場合に納めていただきます。） □鑑定費用 　８ページをご覧ください。	※印紙や切手は東京家庭裁判所地下１階 及び東京家庭裁判所立川支部の売店で も販売しています。

3　審　理

　家庭裁判所に対して任意後見監督人選任の審判申立てを行った後は、次のように手続が進行します（東京家庭裁判所・後見サイト「任意後見監督人選任の手引」参照）。

(1)　資料の追完

　書類に不備等がある場合は、後日あらためて家庭裁判所に出頭したり、資料の追完を求められることがあります。

(2)　本人調査・任意後見受任者調査

　任意後見制度では、本人の意思を尊重するため、原則として申立ての内容について本人の陳述を聴取し、同意の確認をすることが必要となっています（本人調査）。本人調査の際は、本人が家庭裁判所に出頭することになりますが、入院等により外出が困難な場合には、家庭裁判所から担当者が入院先等に直接伺います。また、必要に応じて任意後見受任者からも直接事情が聴取

されることもあります。

(3) 親族への意向照会

家庭裁判所が、本人の親族に対して、書面などにより、申立ての概要など
を伝え、これらに関する意向を確認する場合があります。

(4) 鑑 定

本人に判断能力がどの程度あるかを医学的に判定するために、鑑定が必要
となる場合があります。診断書作成医以外の医師が鑑定人に選ばれることも
あります。鑑定費用（鑑定人への報酬）は、鑑定人の意向や鑑定のために要
した労力等を踏まえて決められますが、一般的に10万円〜20万円程度の費用
がかかります。

4 任意後見監督人選任の審判

このような審査を経て、問題がなければ、家庭裁判所は、任意後見監督人
を選任する審判を行います。この審判は、任意後見監督人、本人および任意
後見受任者に告知されます。この告知の時点で任意後見契約が発効し、裁判
所書記官が登記の嘱託を行います。

任意後見監督人を選任する審判に対しては、即時抗告をすることはできま
せん。任意後見監督人の選任申立てを却下する審判に対しては、申立人は即
時抗告をすることができます。

〈資料26〉　任意後見監督人選任申立書（東京家庭裁判所の例）

<table>
<tr><td rowspan="3">受付印</td><td colspan="2" style="text-align:center">**任意後見監督人選任申立書**</td></tr>
<tr><td colspan="2">※ 収入印紙（申立費用）８００円分をここに貼ってください。

【注意】貼った収入印紙に押印・消印はしないでください。
収入印紙（登記費用）１，４００円分はここに貼らないでください。</td></tr>
</table>

収入印紙（申立費用）	円	準口頭	関連事件番号　　　年（家　）第　　　号
収入印紙（登記費用）	円		
予納郵便切手	円		

○○　家庭裁判所 ○○支部・出張所　御中 令和○年○月○日	申立人又は同手続 代理人の記名押印	甲　野　花　子　㊞

申立人	住　所	〒○○○－○○○○ ○○県○○市○○町○丁目○番○号 電話　○○（○○○○）○○○○　　携帯電話　○○○（○○○○）○○○○	
	ふりがな 氏　名	こうの　　はなこ 甲　野　花　子	□ 大正 ☑ 昭和　○年○月○日生 □ 平成　（○○歳）
	本人との関係	□ 本人　☑ 配偶者　□ 四親等内の親族（　　　　） □ 任意後見受任者　□ その他（　　　　）	

手続代理人	住　所 （事務所等）	〒 電話　　（　　）　　　　ファクシミリ　　（　　）
	氏　名	

本人	本　籍 （国　籍）	○○　都道府県　○○市○○町○丁目○番地	
	住民票上の住所	☑ 申立人と同じ 〒　－ 電話　　（　　）	
	実際に住んでいる場所	□ 住民票上の住所と同じ 〒○○○－○○○○ ○○県○○市○○町○丁目○番○号 病院・施設名（○○施設○○○○）電話　○○（○○○○）○○○○	
	ふりがな 氏　名	こうの　　たろう 甲　野　太　郎	□ 大正 ☑ 昭和　○年○月○日生 □ 平成　（○○歳）

131

	申 立 て の 趣 旨
	任 意 後 見 監 督 人 の 選 任 を 求 め る 。

申 立 て の 理 由
本人は，（※　　　　　認知症　　　　　）により 判断能力が欠けているのが通常の状態又は判断能力が（著しく）不十分である。 　※　診断書に記載された診断名（本人の判断能力に影響を与えるもの）を記載してください。

申 立 て の 動 機
※　該当する部分の□にレ点（チェック）を付してください。
本人は， ☑ **預貯金等の管理・解約**　□ **保険金受取**　□ **不動産の管理・処分**　☑ **相続手続** □ **訴訟手続等**　□ **介護保険契約**　□ **身上保護（福祉施設入所契約等）** □ **その他（　　　　　　　　　　　）** の必要がある。
※　上記申立ての理由及び動機について具体的な事情を記載してください。書ききれない場合 　は別紙★に記載してください。★A4サイズの用紙をご自分で準備してください。 　　平成〇〇年〇月〇日に本人である甲野太郎を委任者，甲野夏男を受任者とする 　任意後見契約を締結した。その後，本人は，〇年程前から〇〇施設〇〇〇〇で生 　活しているが，本人の認知症が進行した。日常の生活や買い物は支障ないが，財 　産管理は難しく，令和〇年〇月に本人の弟である甲野次郎が亡くなり遺産分割の 　必要が生じたことから，本件の申立てをした。

任意後見 契　　約	公正証書を作成した 公証人の所属	〇〇　　法務局	証書番号	☑ 平成 □ 令和	〇〇年 第〇〇〇〇号
	証書作成 年 月 日	☑ 平成 □ 令和　〇〇年〇月〇日	登記番号		第〇〇〇〇－〇〇〇〇号

任意後見受任者		□ 申立人と同じ　※　以下色が付いている欄のみ記載してください。 ☑ 申立人以外の〔　☑ 以下に記載の者　□ 別紙★に記載の者　〕★A4サイズの用紙をご自分で準備してください。		
	住　所	〒　　　－ **申立人の住所と同じ** 電話　〇〇（〇〇〇〇）〇〇〇〇　　携帯電話　〇〇〇（〇〇〇〇）〇〇〇〇		
	ふりがな	こうの　　　なつお	☑ 昭和	〇 年 〇 月 〇 日生
	氏　名	**甲 野　夏 男**	□ 平成	（ 〇〇 歳）
	職　業	**会社員**　　勤務先	〒〇〇〇－〇〇〇〇 〇〇県〇〇市〇〇町〇丁目〇〇番〇号　〇〇株式会社 電話　〇〇（〇〇〇〇）〇〇〇〇	
	本人との 関　係	☑ 親　族：□ 配偶者　□ 親　☑ 子　□ 孫　□ 兄弟姉妹 　　　　　　□ 甥姪　　□ その他（関係：　　　　　） □ 親族外：（関係：　　　　　　　　　　）		

手続費用の上申

□　手続費用については，本人の負担とすることを希望する。

※　申立手数料，送達・送付費用，後見登記手数料，鑑定費用の全部又は一部について，本人の負担とすることが認められる場合があります。

添付書類	※　同じ書類は本人1人につき1通で足ります。審理のために必要な場合は，追加書類の提出をお願いすることがあります。 ※　**個人番号（マイナンバー）が記載されている書類は提出しないようにご注意ください。** 　☑　親族関係図 　☑　診断書（成年後見制度用） 　☑　診断書付票 　☑　本人情報シートのコピー 　☑　本人の戸籍個人事項証明書（戸籍抄本） 　☑　本人の住民票又は戸籍の附票 　☑　本人の登記事項証明書（任意後見） 　☑　本人の成年被後見人等の登記がされていないことの証明書（証明事項が「成年被後見人，被保佐人，被補助人とする記録がない。」ことの証明書） 　☑　任意後見受任者の住民票又は戸籍の附票（登記事項証明書と申立書の住所が異なる場合のみ） 　☑　任意後見契約公正証書のコピー 　☑　申立事情説明書（任意後見） 　☑　任意後見受任者事情説明書 　☑　財産目録 　☑　相続財産目録 　　　（本人が相続人となっている遺産分割未了の相続財産がある場合のみ） 　☑　収支予定表 　☑　財産関係の資料（該当する財産がないものは不要） 　　　☑　預貯金通帳のコピー，保険証券・株式・投資信託等の資料のコピー 　　　☑　不動産の全部事項証明書 　　　☑　債権・負債等の資料のコピー 　☑　収入・支出に関する資料のコピー

133

〈資料27〉 **申立事情説明書**（東京家庭裁判所の例）

申 立 事 情 説 明 書
（任意後見）

※ 申立人が記載してください。申立人が記載できないときは，本人の事情をよく理解している方が
記載してください。
※ 記入式の質問には，自由に記載してください。選択式の質問には，該当する部分の□にチェック
を付してください。

　　令和　○ 年　○ 月　○ 日

　　作成者の氏名　甲 野　花 子　　　　　　㊞
　　（作成者が申立人以外の場合は，本人との関係：＿＿＿＿＿＿＿＿＿＿）

　　作成者（申立人を含む。）の住所
　　　　☑　申立書の申立人欄記載のとおり
　　　　□　次のとおり

　　　　　〒＿＿＿ －＿＿＿＿

　　　　　住所：＿＿＿＿＿＿＿＿＿＿＿＿＿＿＿＿＿＿＿＿＿＿＿＿＿＿＿

　　裁判所からの電話での連絡について
　　　　平日（午前9時～午後5時）の連絡先：電話　○○○　（ ○○○○ ） ○○○○
　　　　　　　　　　　　　　　　　　　　　　　（☑携帯・□自宅・□勤務先）

　・　裁判所名で電話することに支障がありますか。　☑ 電話してもよい ・ □ 支障がある
　・　裁判所から連絡するに当たり留意すべきこと（電話することに支障がある時間帯等）があれ
　　ば記載してください。
　　　　特 に な し　＿＿＿＿＿＿＿＿＿＿＿＿＿＿＿＿＿＿＿＿＿＿＿＿

【本人の状況について】
1　本人の生活場所について
　(1)　現在の生活場所
　　　□　自宅又は親族宅
　　　　　同居者　→　□　なし（1人暮らし）
　　　　　　　　　　　□　あり　※　同居している方の氏名・本人との続柄を記載してください。
　　　　　　　　　　　　　　（氏名：＿＿＿＿＿＿＿＿＿　本人との続柄：＿＿＿＿＿）
　　　　　　　　　　　　　　（氏名：＿＿＿＿＿＿＿＿＿　本人との続柄：＿＿＿＿＿）
　　　　　　　　　　　　　　（氏名：＿＿＿＿＿＿＿＿＿　本人との続柄：＿＿＿＿＿）
　　　　　最寄りの公共交通機関（※　わかる範囲で記載してください。）
　　　　　（電車）最寄りの駅：＿＿＿＿＿＿線＿＿＿＿＿＿駅
　　　　　（バス）最寄りのバス停：＿＿＿＿＿＿バス（＿＿＿＿＿行き）＿＿＿＿下車
　　　☑　病院又は施設（入院又は入所の日：昭和 ㊈平成㊈ 令和 ○ 年 ○ 月 ○ 日）
　　　　　名　称：○○施設○○○○
　　　　　所在地：〒○○○ －○○○○
　　　　　　　　　○○県○○市○○町○丁目○番○号
　　　　　担当職員：氏名：＿○○　○○＿＿　役職：＿○○○○＿＿
　　　　　連絡先：電話　○○　（○○○○）○○○○

最寄りの公共交通機関（※　わかる範囲で記載してください。）
　　（電車）最寄りの駅：＿＿＿○○○＿＿線＿＿○○○＿＿駅
　　（バス）最寄りのバス停：＿＿＿＿＿＿＿バス（＿＿＿＿＿行き）＿＿＿＿＿下車

(2)　転居，施設への入所や転院などの予定について
　　※　申立後に転居・入院・転院した場合には，速やかに家庭裁判所までお知らせください。
　　☑　予定はない。
　　□　予定がある。(□　転居　　□　施設への入所　　□　転院)
　　　　時期：令和＿＿＿＿年＿＿＿月頃
　　　　施設・病院等の名称：＿＿＿＿＿＿＿＿＿＿＿＿＿＿
　　　　転居先，施設・病院等の所在地：〒＿＿＿＿－＿＿＿＿＿
　　　　＿＿＿＿＿＿＿＿＿＿＿＿＿＿＿＿＿＿＿＿＿＿＿＿＿＿＿＿

2　本人の略歴（家族関係（結婚，出産など）及び最終学歴・主な職歴）をわかる範囲で記載してください。

年　　月	家族関係	年　　月	最終学歴・主な職歴
昭○・○	出生	昭○・○	○○学校を卒業
昭○・○	花子と婚姻	昭○・○	○○株式会社に就職
・		平○・○	同退職
・		・	
・		・	

3　本人の病歴（病名，発症時期，通院歴，入院歴）をわかる範囲で記載してください。
　　病　　名：＿認知症＿＿＿＿＿＿＿＿＿＿
　　発症時期：平成　○　年　　○　月頃
　　通　院　歴：平成　○　年　　○　月頃　～　＿＿＿年＿＿＿月頃
　　入　院　歴：＿＿＿＿年＿＿＿月頃　～　＿＿＿年＿＿＿月頃

　　病　　名：＿＿＿＿＿＿＿＿＿＿＿＿＿＿＿＿
　　発症時期：＿＿＿＿年＿＿＿月頃
　　通　院　歴：＿＿＿＿年＿＿＿月頃　～　＿＿＿年＿＿＿月頃
　　入　院　歴：＿＿＿＿年＿＿＿月頃　～　＿＿＿年＿＿＿月頃

4　福祉に関する認定の有無等について
　　※　当てはまる数字を○で囲んでください。
　　☑　介護認定　　(認定日：平成　○　年　　○　月)
　　　　□　要支援（1・2）　　☑　要介護（1・2・③・4・5）
　　　　□　非該当　　　　　　□　認定手続中

- □　障害支援区分（認定日：＿＿＿＿年＿＿＿月）
  - □　区分（1・2・3・4・5・6）　　□　非該当　　□　認定手続中
- □　療育手帳（愛の手帳など）　　（手帳の名称：＿＿＿＿＿＿＿＿）（判定：＿＿＿＿）
- □　精神障害者保健福祉手帳　　（1・2・3　級）
- □　身体障害者手帳　　　　　　（1・2・3・4・5・6　級）
- □　いずれもない。

5　金銭の管理について

※　「金銭の管理」とは，所持金の支出入の把握，管理，計算等を指します。
- □　本人が管理している。
  - （多額の財産や有価証券等についても，本人が全て管理している。）
- □　任意後見受任者，親族又は第三者の支援を受けて本人が管理している。
  - （通帳を預かってもらいながら，本人が自らの生活費等を管理している。）
  - →支援者（氏名：＿＿＿＿＿＿＿　本人との関係：＿＿＿＿＿＿＿）
  - 支援の内容（＿＿＿＿＿＿＿＿＿＿＿＿＿＿＿＿＿＿＿＿）
- ☑　任意後見受任者，親族又は第三者が管理している。
  - （本人の日々の生活費も含めて任意後見受任者等が支払等をして管理している。）
  - →管理者（氏名：　甲野　花子　　本人との関係：　　妻　　）
  - 管理の内容（預貯金通帳の管理を含めて，金銭管理は私が行っている。）

【申立ての事情について】

1　本人について，これまで家庭裁判所の成年後見制度の手続を利用したことがありますか。

- ☑　なし
- □　あり　→　＿＿＿＿＿年＿＿＿月頃
  - 利用した裁判所：＿＿＿＿＿家庭裁判所＿＿＿＿支部・出張所
  - 事件番号：＿＿＿＿年（家）第＿＿＿＿号
  - □　後見開始　□　保佐開始　□　補助開始　□　その他（＿＿＿＿）
  - 申立人氏名：＿＿＿＿＿＿

2　任意後見契約の締結の経緯等

契約日　平成・令和　○○年　○月　○日
契約場所：☑　公証役場　　□　自宅　　□　病院・施設　　□　その他（＿＿＿＿）
事情（どのような経緯で任意後見契約を締結するに至ったかなど）

　　　本人の物忘れが増えてきたので，今後の生活等について家族で話し合ったところ，夏男から，「将来に備えて，任意後見契約を締結しておくのはどうか。」との提案があったため，任意後見契約を締結したものである。

3　本人は任意後見契約を締結したことを記憶していますか。

※　本人が申立人の場合は記載不要です。
- ☑　記憶している。
- □　記憶していない。

4　本人には，今回の手続をすることを知らせていますか。

※　本人が申立人の場合は記載不要です。

☑　申立てをすることを説明しており，知っている。

　　⇒　申立てについての本人の意見　☑　賛成　　□　反対　　□　不明

□　申立てをすることを説明したが，理解できていない。

□　申立てをすることを説明しておらず，知らない。

□　その他（＿＿＿＿＿＿＿＿＿＿＿＿＿＿＿＿＿＿＿＿＿＿＿＿＿）

5　本人の推定相続人について

(1)　本人の推定相続人について氏名，住所等をわかる範囲で記載してください。

　※　欄が不足する場合は，別紙★に記載してください。★Ａ４サイズの用紙をご自分で準備してください。

　※　推定相続人とは，仮に本人が亡くなられた場合に相続人となる方々です。

氏　　名	年齢	続柄	住　　所
甲野　花子	○○	妻	〒 申立書に記載のとおり □　本人と同じ
甲野　夏男	○○	子	〒 同上 □　本人と同じ
甲野　冬子	○○	子	〒○○○−○○○○ ○○県○○市○丁目○番○号 □　本人と同じ
甲野　良男	○○	孫	〒○○○−○○○○ ○○県○○市○丁目○番○○号 □　本人と同じ
甲野　良子	○○	孫	〒○○○−○○○○ ○○県○○市○丁目○○番○号 □　本人と同じ

(2)　(1)で挙げた方のうち，この申立てに反対の意向を示している方がいる場合には，その方の氏名及びその理由等を具体的に記載してください。

氏　　名	理由等

137

6　本人に関し何らかの相談をし又は何らかの援助を受けた福祉機関があれば，チェックを付して，その名称を記載してください。
　　□　地域包括支援センター（名称：＿＿＿＿＿＿＿＿＿＿）
　　□　権利擁護センター　　（名称：＿＿＿＿＿＿＿＿＿＿）
　　□　社会福祉協議会　　　（名称：＿＿＿＿＿＿＿＿＿＿）
　　□　その他　　　　　　　（名称：＿＿＿＿＿＿＿＿＿＿）
　　☑　相談をし又は援助を受けた福祉機関はない。

7　家庭裁判所まで本人が来ることは可能ですか。
　　☑　可能である。
　　□　不可能又は困難である。
　　　　理由：＿＿＿＿＿＿＿＿＿＿＿＿＿＿＿＿＿＿＿＿＿＿＿＿＿

8　本人に申立ての事情等をお伺いする場合の留意点（本人の精神面に関し配慮すべき事項等）があれば記載してください。
　　　　日程調整については，本人の入所先施設の担当〇〇さん（電話番号〇〇－〇〇〇〇－〇〇〇〇）に連絡してください。＿＿＿＿＿＿＿＿＿＿＿＿＿＿＿＿＿＿＿
　　＿＿＿＿＿＿＿＿＿＿＿＿＿＿＿＿＿＿＿＿＿＿＿＿＿＿＿＿＿＿＿

〈資料28〉 親族関係図（東京家庭裁判所の例）

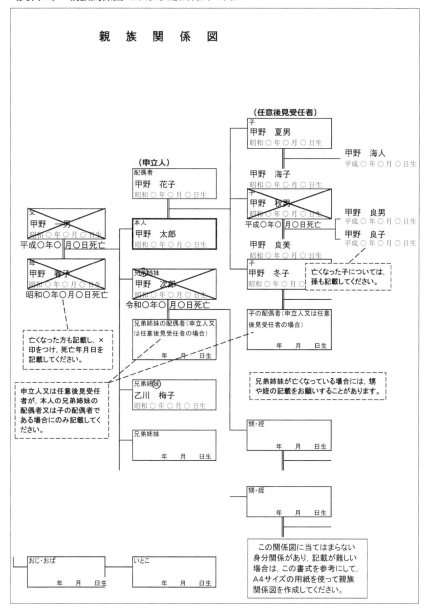

〈資料29〉 財産目録（東京家庭裁判所の例）

財　産　目　録

令和　○年　○月　○日　作成者氏名　甲野　花子　㊞

本人（　　甲野　太郎　　）の財産の内容は以下のとおりです。

※　以下の1から9までの財産の有無等について該当する□にチェックを付し，その内容を記載してください。

※　以下の1から8までの財産に関する資料がある場合には，「資料」欄の□にチェックを付し，当該資料の写しを添付してください。また，財産目録との対応関係がわかるように，資料の写しには対応する番号を右上に付してください。（例：財産目録の「1預貯金・現金」の「No. 2」の資料の写しであれば，資料の写しの右上に「財1－2」と付記してください。）

※　財産の各記載欄が不足した場合には，この用紙をコピーした上で，「No.」欄の番号を連続するよう付け直してください。

1　預貯金・現金
☑　次のとおり　□　当該財産はない　□　不明

※　「口座種別」欄については，普通預貯金や通常貯金等は「普」，定期預貯金や定額貯金等は「定」の□にチェックを付し，その他の種別は下欄の□にチェックを付し，種別の名称を記載してください。

No.	金融機関の名称	支店名	口座種別	口座番号	最終確認日	残高（円）	管理者	資料
1	○○銀行		☑普□定 □	10000-12345678	令和○年○月○日	1,468,422	申立人	☑
2	○○銀行	○○	☑普□定 □	1234567	令和○年○月○日	749,860	同上	☑
3	○○銀行	○○	□普☑定 □	2345678	令和○年○月○日	2,000,000	同上	☑
4	○○信託銀行	○○	□普☑定 □	3456789	令和○年○月○日	5,000,000	同上	☑
5			□普□定 □					□
6			□普□定 □					□
7			□普□定 □					□
8			□普□定 □					□
9			□普□定 □					□
10			□普□定 □					□
現金（預貯金以外で所持している金銭）						0		
合　計						9,218,282		

2　有価証券等（株式，投資信託，国債，社債，外貨預金，手形，小切手など）
☑　次のとおり　□　当該財産はない　□　不明

No.	種類	株式の銘柄，証券会社の名称等	数量，額面金額	評価額（円）	管理者	資料
1	株式	○○電気工業	500株	1,000,000	○○証券	☑
2	投資信託	○○ファンド	200口	2,000,000	○○信託銀行	☑
3	国債	利付国債（○年）第○○回	100万円	1,000,000	○○証券	☑
4						□
5						□
合　計				4,000,000		

3　生命保険，損害保険等（本人が契約者又は受取人になっているもの）

☑　次のとおり　□　当該財産はない　□　不明

No.	保険会社の名称	保険の種類	証書番号	保険金額（受取額）（円）	契約者	受取人	資料
1	○○生命保険株式会社	生命保険	11-1111	10,000,000	本人	申立人	☑
2	○○損害保険株式会社	損害保険	222-222	10,000,000	本人	本人	☑
3							□
4							□
5							□

4　不動産（土地）

☑　次のとおり　□　当該財産はない　□　不明

No.	所在	地番	地目	地積（㎡）	備考（現状，持分等）	資料
1	○○市○○町○丁目	○番○	宅地	134.56	自宅	☑
2	○○市○区○丁目	○番○	宅地	120.34	丁川四郎に賃貸中の建物No.2の敷地	☑
3						□
4						□
5						□

5　不動産（建物）

☑　次のとおり　□　当該財産はない　□　不明

No.	所在	家屋番号	種類	床面積（㎡）	備考（現状，持分等）	資料
1	○○市○○町○丁目○番地○	○番○の○	居宅	1階　100.20 2階　90.50	自宅	☑
2	○○市○区○丁目○番地○	○番○	居宅	1階　92.90 2階　60.20	丁川四郎に賃貸中	☑
3						□
4						□
5						□

6　債権（貸付金，損害賠償金など）

☑　次のとおり　□　当該財産はない　□　不明

No.	債務者名（請求先）	債権の内容	残額（円）	備考	資料
1	丙山　三郎	平成○年○月○日 1,200,000円貸付	600,000	預貯金No.1の通帳に毎月末日10,000円振込	□
2					□
3					□
4					□
5					□
	合　　計		600,000		

7　その他（自動車など）
　　□　次のとおり　☑　当該財産はない　□　不明

No.	種類	内容	評価額（円）	備考	資料
1					□
2					□
3					□
4					□
5					□

8　負債
　　☑　次のとおり　□　負債はない　□　不明

No.	債権者名（支払先）	負債の内容	残額（円）	返済月額（円）	資料
1	○○銀行○○支店	住宅ローン	1,000,000	預貯金 No.1 の通帳から毎月 30,000円引落し	☑
2					□
3					□
4					□
5					□
合　計			1,000,000		

9　遺産分割未了の相続財産（本人が相続人となっている遺産）
　　☑　相続財産がある（相続財産目録を作成して提出してください。）
　　□　相続財産はない（相続財産目録は作成する必要はありません。）
　　□　不明　　　　（相続財産目録は作成する必要はありません。）

〈資料30〉　相続財産目録（東京家庭裁判所の例）

相 続 財 産 目 録

令和 ○ 年 ○ 月 ○ 日　作成者氏名　甲野　花子　㊞

本人（　甲野　太郎　）が相続人となっている相続財産の内容は以下のとおりです。

※　本人が相続人となっている遺産分割未了の相続財産がある場合にのみ提出してください。

※　被相続人（亡くなられた方）が複数いる場合には，この目録をコピーするなどして，被相続人ごとにこの目録を作成してください。

※　以下の相続財産の有無等について該当する□にチェックを付し，その内容を記載してください。

※　以下の相続財産に関する資料がある場合には，「資料」欄の□にチェックを付し，当該資料の写しを添付してください。また，相続財産目録との対応関係がわかるように，資料の写しには対応する番号を右上に付してください。（例：相続財産目録の「1預貯金・現金」の「No.2」の資料の写しであれば，資料の写しの右上に「相1−2」と付記してください。）

※　相続財産の各記載欄が不足した場合には，この用紙をコピーした上で，「No.」欄の番号を連続するよう付け直してください。

被相続人の氏名	（　　甲野　次郎　　　）
本人との続柄	（本人の　　弟　　）
被相続人が亡くなられた日	（□　平成　・　☑　令和 ○ 年 ○ 月 ○ 日）
本人の法定相続分	（　2　分の　1　）
遺言書	（□　あり　　☑　なし　　□　不明）

1　預貯金・現金
☑　次のとおり　　□　当該財産はない　　□　不明

※　「口座種別」欄については，普通預金や通常貯金等は「普」，定期預貯金や定額貯金等は「定」の□にチェックを付し，その他の種別は下欄の□にチェックを付し，種別の名称を記載してください。

No.	金融機関の名称	支店名	口座種別	口座番号	最終確認日	残高（円）	管理者	資料
1	○○銀行	○○	☑普□定 □	4567891	令和○年○月○日	561,234	乙川梅子	☑
2	○○銀行	○○	□普☑定 □	5678912	令和○年○月○日	4,000,000	乙川梅子	☑
3			□普□定 □					□
4			□普□定 □					□
5			□普□定 □					□
6			□普□定 □					□
7			□普□定 □					□
8			□普□定 □					□
9			□普□定 □					□
10			□普□定 □					□
	現金（預貯金以外で所持している金銭）					0		
	合　　計					4,561,234		

2　有価証券等（株式，投資信託，国債，社債，外貨預金，手形，小切手など）
　　□　次のとおり　☑　当該財産はない　□　不明

No.	種　類	株式の銘柄，証券会社の名称等	数量，額面金額	評価額（円）	管理者	資料
1						□
2						□
3						□
4						□
5						□
合　計						

3　生命保険，損害保険等（被相続人が受取人になっているもの）
　　□　次のとおり　☑　当該財産はない　□　不明

No.	保険会社の名称	保険の種類	証書番号	保険金額 （受取額）（円）	契約者	資料
1						□
2						□
3						□
4						□
5						□

4　不動産（土地）
　　☑　次のとおり　□　当該財産はない　□　不明

No.	所　在	地　番	地　目	地積（㎡）	備考 （現状，持分等）	資料
1	○○市○○町○丁目	○○番	宅地	123.45	更地	☑
2						□
3						□
4						□
5						□

5　不動産（建物）
　　□　次のとおり　☑　当該財産はない　□　不明

No.	所　在	家屋番号	種　類	床面積（㎡）	備考 （現状，持分等）	資料
1						□
2						□
3						□
4						□
5						□

6　債権（貸付金，損害賠償金など）
□　次のとおり　☑　当該財産はない　□　不明

No.	債務者名（請求先）	債権の内容	残額（円）	備考	資料
1					□
2					□
3					□
4					□
5					□
合　　計					

7　その他（自動車など）
□　次のとおり　☑　当該財産はない　□　不明

No.	種類	内容	評価額（円）	備考	資料
1					□
2					□
3					□
4					□
5					□

8　負債
□　次のとおり　☑　負債はない　□　不明

No.	債権者名（支払先）	負債の内容	残額（円）	返済月額（円）	資料
1					□
2					□
3					□
4					□
5					□
合　　計					

145

〈資料31〉　収支予定表（東京家庭裁判所の例）

収 支 予 定 表

令和 ○ 年 ○ 月 ○ 日　　　作成者氏名　　甲野　花子　　㊞

本人（　　　甲野　太郎　　　）の収支予定は以下のとおりです。

※　以下の収支について記載し，資料がある場合には，「資料」欄の□にチェックを付し，当該資料の写しを添付してください。また，収支予定表との対応関係がわかるように，資料の写しには対応する番号を右上に付してください。(例：<u>収</u>支予定表の「**1**本人の定期的な収入」の「No.**2**国民年金」の資料の写しであれば，資料の写しの右上に「<u>収1－2</u>」と付記してください。)

※　収支の各記載欄が不足した場合には，この用紙をコピーした上で，「No.」欄の番号を連続するよう付け直してください。

1　本人の定期的な収入

No.	名称・支給者等	月 額(円)	入金先口座・頻度等	資料
1	厚生年金	150,000	2か月に1回 ☑財産目録預貯金No.1 の口座に振り込み	☑
2	国民年金（老齢基礎年金）	60,000	2か月に1回 ☑財産目録預貯金No.1 の口座に振り込み	☑
3	その他の年金(　　　　)		2か月ごと，四半期ごと，1年に1回の収入などは月額に按分した金額を記載してください（割り切れない場合には，小数第一位を切り上げて記載してください。)。なお，支出の記載においても同様です。	□
4	生活保護等(　　　　)			
5	給与・役員報酬等			
6	賃料収入(家賃，地代等)	80,000	丁川四郎から毎月 ☑財産目録預貯金No.1 の口座に振り込み	☑
7	貸付金の返済	10,000	丙山三郎から毎月 ☑財産目録預貯金No.1 の口座に振り込み	☑
8			□財産目録預貯金No. の口座に振り込み	□
	収入の合計(月額)　=	300,000 円	年額(月額×12か月)= 　3,600,000 円	

2　本人の定期的な支出

No.		品　目	月 額(円)	引落口座・頻度・支払方法等	資料
1		食費・日用品	10,000	現金払い	☑
2	生活費	電気・ガス・水道代等		□財産目録預貯金No. の口座から自動引き落とし	□
3		通信費		□財産目録預貯金No. の口座から自動引き落とし	□
4				□財産目録預貯金No. の口座から自動引き落とし	□
5				□財産目録預貯金No. の口座から自動引き落とし	□
6	療養費	施設費	120,000	毎月20日に現金払い □財産目録預貯金No. の口座から自動引き落とし	☑
7		入院費・医療費・薬代		□財産目録預貯金No. の口座から自動引き落とし	□
8				□財産目録預貯金No. の口座から自動引き落とし	□
9				□財産目録預貯金No. の口座から自動引き落とし	□
10				□財産目録預貯金No. の口座から自動引き落とし	□

11	住居費	家賃		□財産目録預貯金No.　　の口座から自動引き落とし	☐
12		地代		□財産目録預貯金No.　　の口座から自動引き落とし	☐
13				□財産目録預貯金No.　　の口座から自動引き落とし	☐
14				□財産目録預貯金No.　　の口座から自動引き落とし	☐
15				□財産目録預貯金No.　　の口座から自動引き落とし	☐
16	税金	固定資産税	20,000	5月，7月，9月及び12月に ☑財産目録預貯金No.　1　の口座から自動引き落とし	☑
17		所得税	3,000	3月に現金一括払い □財産目録預貯金No.　　の口座から自動引き落とし	☑
18		住民税	3,000	6月，8月，10月及び1月に ☑財産目録預貯金No.　1　の口座から自動引き落とし	☑
19				□財産目録預貯金No.　　の口座から自動引き落とし	☐
20				□財産目録預貯金No.　　の口座から自動引き落とし	☐
21	保険料	国民健康保険料	4,000	☑財産目録預貯金No.　1　の口座から自動引き落とし	☑
22		介護保険料	4,000	☑財産目録預貯金No.　1　の口座から自動引き落とし	☑
23		生命(損害)保険料	8,000	☑財産目録預貯金No.　1　の口座から自動引き落とし	☑
24				□財産目録預貯金No.　　の口座から自動引き落とし	☐
25				□財産目録預貯金No.　　の口座から自動引き落とし	☐
26	その他	負債の返済	30,000	住宅ローン ☑財産目録預貯金No.　1　の口座から自動引き落とし	☑
27		こづかい			☐
28		任意後見人報酬	20,000	毎月現金払い □財産目録預貯金No.　　の口座から自動引き落とし	☑
29				□財産目録預貯金No.　　の口座から自動引き落とし	☐
30				□財産目録預貯金No.　　の口座から自動引き落とし	☐
31				□財産目録預貯金No.　　の口座から自動引き落とし	☐
32				□財産目録預貯金No.　　の口座から自動引き落とし	☐
33				□財産目録預貯金No.　　の口座から自動引き落とし	☐
	支出の合計(月額)　=		222,000　円	年額(月額×12か月)=	2,664,000　円

月額　(収入の合計)-(支出の合計) = ⊕ -	78,000　円
年額　(収入の合計)-(支出の合計) = ⊕ -	936,000　円

〈資料32〉　任意後見受任者事情説明書（東京家庭裁判所の例）

任意後見受任者事情説明書

※　任意後見受任者の方が記載してください。
※　記入式の質問には，自由に記入してください。選択式の質問には，該当する部分の□にチェックを付してください。

令和 ○ 年 ○ 月 ○ 日

任意後見受任者の氏名　　甲　野　　夏　男　　　㊞

任意後見受任者の住所
☑　申立書の任意後見受任者欄記載のとおり
□　次のとおり
　　〒_____ － _____
　　住所：_____

裁判所からの電話での連絡について
　　平日（午前9時～午後5時）の連絡先：電話　○○○（○○○○）○○○○
　　　　　　　　　　　　　　　　　　　　　（☑ 携帯・□ 自宅・□ 勤務先）
・　裁判所名で電話することに支障がありますか。　☑ 電話してもよい　□ 支障がある
・　裁判所から連絡するに当たり留意すべきこと（電話することに支障がある時間帯等）があれば記載してください。
　　　　　特になし

1　あなたの現在の生活状況，健康状態など（法人が受任者の場合には記載不要です。）
　(1)　職業
　　　（職種：会社員　　　　　勤務先名：○○株式会社　　　　　　）

　(2)　あなたと同居している方を記載してください。
　　　□　同居者なし
　　　☑　同居者あり ※ 同居している方の氏名・年齢・あなたとの続柄を記載してください。
　　　　　（氏名：甲野　花子　　　年齢：○○　あなたとの続柄：母　　　）
　　　　　（氏名：甲野　海子　　　年齢：○○　あなたとの続柄：妻　　　）
　　　　　（氏名：甲野　海人　　　年齢：○○　あなたとの続柄：長男　　）
　　　　　（氏名：　　　　　　　　年齢：　　　あなたとの続柄：　　　　）

　(3)　収入等
　　　収入（年収）（　○○○万　　　）円
　　　資産
　　　□　不　動　産
　　　☑　預　貯　金（　○○○万　　）円
　　　□　有　価　証　券
　　　□　そ　の　他（内容：_____）

負債（借金）
- □　住宅ローン（＿＿＿＿＿＿＿＿＿＿円）
- ☑　自動車ローン（＿＿＿○○万＿＿円）
- □　消費者金融（＿＿＿＿＿＿＿＿円）
- □　そ　の　他（内容：＿＿＿＿＿＿＿＿＿）（金額：＿＿＿＿＿＿＿＿円）

(4)　あなたとともに生計を立てている方がいる場合又はあなた以外の方の収入で生計を立て
ている場合には，その方の続柄と収入を記載してください。
　　　あなたとの続柄（＿＿妻＿＿）・収入（年収）（＿＿○○○万＿＿円）

(5)　あなたの現在の健康状態（差し支えない範囲で記載してください。）
- ☑　健康体である。
- □　具合が悪い。（具体的な症状：＿＿＿＿＿＿＿＿＿＿＿＿＿＿＿）
- □　通院治療中である。
　　　（傷病名：＿＿＿＿＿＿＿＿　通院の頻度：＿＿か月に＿＿回程度）

2　あなたは，次のいずれかに該当しますか。
- □　次の事項に該当する。
  - □　未成年者である。
  - □　家庭裁判所で成年後見人，保佐人，補助人等を解任されたことがある。
  - □　破産手続開始決定を受けたが，免責許可決定を受けていないなどで復権していない。
  - □　現在，本人との間で訴訟をしている又は過去に訴訟をした。
  - □　あなたの〔□ 配偶者　□ 親　□ 子〕が，現在，本人との間で訴訟をしている又は過去に訴訟をした。
- ☑　いずれにも該当しない。

3　本人とあなたとの任意後見契約の効力が生ずることについて，どう思われますか。
- ☑　必要　　□　不要（不要と思われる理由について記載してください。）
　　　＿＿＿＿＿＿＿＿＿＿＿＿＿＿＿＿＿＿＿＿＿＿＿＿＿＿＿＿＿＿＿＿＿＿＿
　　　＿＿＿＿＿＿＿＿＿＿＿＿＿＿＿＿＿＿＿＿＿＿＿＿＿＿＿＿＿＿＿＿＿＿＿

4　あなたと本人との日常の交流状況（家計状況，面会頻度，介護，援助，事務等）
(1)　本人との関係　☑　本人の親族（続柄：＿子＿）　□ その他（＿＿＿＿＿＿＿＿）

(2)　本人との同居の有無
　　　現在，本人と　□　同居中である。（同居を開始した時期＿＿＿＿＿年＿＿月〜）
　　　　　　　　　☑　同居していない。

(3)　本人との家計の状況
　　　現在，本人と　□　家計が同一である。　☑　家計は別である。

(4)　※　本人と同居していない方のみ回答してください。
　　　本人との面会の状況　☑　月に（４）回程度　　□　2〜3か月に1回程度
　　　　　　　　　　　　　□　半年に1回程度　　　□　年に1回程度
　　　　　　　　　　　　　□　ほとんど会っていない　□　その他（＿＿＿＿＿＿＿＿）

149

(5)　あなたが本人のために介護や援助など行っていることがあれば記載してください。

　　　本人が入所してから，週1回，面会に行っており，その際に施設の方からも本人の様子を聞いている。

5　あなたと本人との間で，金銭の貸借，担保提供，保証，立替えを行っている関係がありますか。

- ・　金銭貸借　☑　なし　□　あり（具体的な金額，内容：＿＿＿＿＿＿＿＿＿）
- ・　担保提供　☑　なし　□　あり（具体的な金額，内容：＿＿＿＿＿＿＿＿＿）
- ・　保証　　　☑　なし　□　あり（具体的な金額，内容：＿＿＿＿＿＿＿＿＿）
- ・　立替払　　☑　なし　□　あり（具体的な金額，内容：＿＿＿＿＿＿＿＿＿）
  - ※　あなたが立て替えた金銭が「あり」の場合，本人に返済を求める意思がありますか。
    - □　返済を求める意思はない。　　□　返済を求める意思がある。

※　「あり」に該当する項目がある場合は，関係書類（借用書，担保権設定契約書，保証に関する書類，領収書，立替払を示す領収書・出納帳等）のコピーを添付してください。

6　あなたが任意後見受任者となった経緯や事情を記載してください。また，任意後見契約のほかに，本人と締結している財産管理などに関する委任契約がある場合は，その内容を記載してください。

　　　任意後見契約について家族で話し合った際，本人から，任意後見受任者になってもらいたいとの意向があったことから，本人の状況をよく把握している私が任意後見受任者となった。

7　本人の財産管理と身上保護（療養看護）に関する今後の方針，計画

□　現状を維持する（本人の財産状況，身上保護状況が変化する見込みはない。）。

☑　以下のとおり，財産状況が変化する見込みである。
（大きな収支の変動，多額の入金の予定など，具体的な内容を記載してください。）

　　　本人の弟である甲野次郎が令和○年○月に亡くなり，遺産分割手続が行われる予定で，財産を取得する見込みである。

☑　以下のとおり，身上保護（療養看護）の状況が変化する見込みである。
（必要となる医療や福祉サービス，身の回りの世話など，具体的な内容を記載してください。）

　　　本人の希望により，他の施設への入所を検討している。

8　任意後見監督人選任の手続

誰を任意後見監督人に選任するかについての家庭裁判所の判断に対しては，不服の申立てができないことを理解していますか。

☑　理解している。　　□　理解していない。

9　任意後見人及び任意後見監督人の役割及び責任

　家庭裁判所で配布しているパンフレットや裁判所ウェブサイトの後見ポータルサイト又は
その他の説明資料をご覧になるなどして，任意後見人及び任意後見監督人の役割や責任を理解
していますか。

☑　理解している。

□　理解できないところがある。又は疑問点がある。

　（理解できないところや疑問点について記載してください。）

＿＿＿＿＿＿＿＿＿＿＿＿＿＿＿＿＿＿＿＿＿＿＿＿＿＿＿＿＿＿＿＿＿

□　理解できていない。

　→　家庭裁判所で配布しているパンフレットや裁判所ウェブサイトの後見ポータルサイ
　　ト又はその他の説明資料などで，任意後見人及び任意後見監督人の役割や責任について
　　説明していますので，そちらをご覧になってください。

151

〈資料33〉　本人情報シート（東京家庭裁判所の例）

本人情報シート（成年後見制度用）

※　この書面は，本人の判断能力等に関して医師が診断を行う際の補助資料として活用するとともに，家庭裁判所における審理のために提出していただくことを想定しています。
※　この書面は，本人を支える福祉関係者の方によって作成されることを想定しています。
※　本人情報シートの内容についてさらに確認したい点がある場合には，医師や家庭裁判所から問合せがされることもあります。

作成日 ＿＿＿＿＿＿年＿＿＿月＿＿＿日

本人	作成者
氏　　　名： ＿＿＿＿＿＿＿＿	氏　　　名： ＿＿＿＿＿＿＿＿印
生年月日： ＿＿年＿＿月＿＿日	職業(資格)： ＿＿＿＿＿＿＿＿
	連　絡　先： ＿＿＿＿＿＿＿＿
	本人との関係： ＿＿＿＿＿＿＿

1　本人の生活場所について
　　□　自宅　　（自宅での福祉サービスの利用　　□　あり　　□　なし）
　　□　施設・病院
　　　　→　施設・病院の名称　＿＿＿＿＿＿＿＿＿＿＿＿＿＿＿
　　　　　　住所　＿＿＿＿＿＿＿＿＿＿＿＿＿＿＿＿＿＿＿

2　福祉に関する認定の有無等について
　　□　介護認定　　（認定日：　　　　年　　　月）
　　　　□　要支援（1・2）　　□　要介護（1・2・3・4・5）
　　　　□　非該当
　　□　障害支援区分（認定日：　　　　年　　　月）
　　　　□　区分（1・2・3・4・5・6）　　□　非該当
　　□　療育手帳・愛の手帳など　　（手帳の名称　　　　　　）（判定　　　　　　）
　　□　精神障害者保健福祉手帳　　（1・2・3　級）

3　本人の日常・社会生活の状況について
　(1)　身体機能・生活機能について
　　　　□　支援の必要はない　　□　一部について支援が必要　　□　全面的に支援が必要
　　　　（今後，支援等に関する体制の変更や追加的対応が必要な場合は，その内容等）

　(2)　認知機能について
　　　　日によって変動することがあるか：□　あり　□　なし
　　　　（※　ありの場合は，良い状態を念頭に以下のアからエまでチェックしてください。
　　　　　　エの項目は裏面にあります。）
　　　ア　日常的な行為に関する意思の伝達について
　　　　　□　意思を他者に伝達できる　　□　伝達できない場合がある
　　　　　□　ほとんど伝達できない　　　□　できない
　　　イ　日常的な行為に関する理解について
　　　　　□　理解できる　　　　　　　　□　理解できない場合がある
　　　　　□　ほとんど理解できない　　　□　理解できない
　　　ウ　日常的な行為に関する短期的な記憶について
　　　　　□　記憶できる　　　　　　　　□　記憶していない場合がある
　　　　　□　ほとんど記憶できない　　　□　記憶できない

　　エ　本人が家族等を認識できているかについて
　　　　□　正しく認識している　　　　□　認識できていないところがある
　　　　□　ほとんど認識できていない　□　認識できていない

(3)　日常・社会生活上支障となる行動障害について
　　□　支障となる行動はない　　　　　□　支障となる行動はほとんどない
　　□　支障となる行動がときどきある　□　支障となる行動がある
　　（行動障害に関して支援を必要とする場面があれば，その内容，頻度等）

(4)　社会・地域との交流頻度について
　　□　週1回以上　　□　月1回以上　　□　月1回未満

(5)　日常の意思決定について
　　□　できる　　　　□　特別な場合を除いてできる　　□　日常的に困難　　□　できない

(6)　金銭の管理について
　　□　本人が管理している　　□　親族又は第三者の支援を受けて本人が管理している
　　□　親族又は第三者が管理している
　　（支援（管理）を受けている場合には，その内容・支援者（管理者）の氏名等）

4　本人にとって重要な意思決定が必要となる日常・社会生活上の課題
　　（※　課題については，現に生じているものに加え，今後生じ得る課題も記載してください。）

5　家庭裁判所に成年後見制度の利用について申立てをすることに関する本人の認識
　□　申立てをすることを説明しており，知っている。
　□　申立てをすることを説明したが，理解できていない。
　□　申立てをすることを説明しておらず，知らない。
　□　その他
　　（上記チェックボックスを選択した理由や背景事情等）

6　本人にとって望ましいと考えられる日常・社会生活上の課題への対応策
　　（※御意見があれば記載してください。）

153

〈資料34〉　診断書（東京家庭裁判所の例）

（家庭裁判所提出用）

診　断　書（成年後見制度用）

1　氏名　　　　　　　　　　　　　　　　　　　　男・女

　　　　　　　　　　　　　　　年　　　月　　　日生（　　　歳）

住所

2　医学的診断

診断名（※判断能力に影響するものを記載してください。）

所見（現病歴，現症，重症度，現在の精神状態と関連する既往症・合併症など）

各種検査

　長谷川式認知症スケール　□　　　　　　　　点（　　　年　　月　　　日実施）　□　実施不可
　ＭＭＳＥ　　　　　　　　□　　　　　　　　点（　　　年　　月　　　日実施）　□　実施不可
　脳画像検査　　□　検査名：　　　　　　　　（　　　年　　月　　　日実施）　□　未実施
　　　　　　　　　　脳の萎縮または損傷等の有無
　　　　　　　　　□　あり
　　　　　　　　　　所見（部位・程度等）：

　　　　　　　　　□　なし
　知能検査　　　□　検査名：　　　　　　　　（　　　年　　月　　　日実施）
　　　　　　　　　検査結果：

　その他　　　　□　検査名：　　　　　　　　（　　　年　　月　　　日実施）
　　　　　　　　　検査結果：

　短期間内に回復する可能性
　□　回復する可能性は高い　　□　回復する可能性は低い　　□　分からない
　　（特記事項）

3　判断能力についての意見

□　契約等の意味・内容を自ら理解し，判断することができる。

□　支援を受けなければ，契約等の意味・内容を自ら理解し，判断することが難しい場合がある。

□　支援を受けなければ，契約等の意味・内容を自ら理解し，判断することができない。

□　支援を受けても，契約等の意味・内容を自ら理解し，判断することができない。

（意見）※　慎重な検討を要する事情等があれば，記載してください。

（家庭裁判所提出用）

判定の根拠

(1) 見当識の障害の有無
　　□　障害なし　□　ときどき障害がみられる　□　頻繁に障害がみられる　□　いつも障害がみられる

(2) 他人との意思疎通の障害の有無
　　□　問題なくできる　□　だいたいできる　□　あまりできない　□　できない

(3) 理解力・判断力の障害の有無
　　・一人での買い物が
　　□　問題なくできる　□　だいたいできる　□　あまりできない　□　できない
　　・一人での貯金の出し入れや家賃・公共料金の支払が
　　□　問題なくできる　□　だいたいできる　□　あまりできない　□　できない

(4) 記憶力の障害の有無
　　・最近の記憶（財布や鍵の置き場所や，数分前の会話の内容など）について
　　□　障害なし　□　ときどき障害がみられる　□　頻繁に障害がみられる　□　いつも障害がみられる
　　・過去の記憶（親族の名前や，自分の生年月日など）について
　　□　障害なし　□　ときどき障害がみられる　□　頻繁に障害がみられる　□　いつも障害がみられる

(5) その他（※上記以外にも判断能力に関して判定の根拠となる事項等があれば記載してください。）

参考となる事項（本人の心身の状態，日常的・社会的な生活状況等）

※　「本人情報シート」の提供を　□　受けた　　□　受けなかった
（受けた場合には，その考慮の有無，考慮した事項等についても記載してください。）

以上のとおり診断します。　　　　　　　　　　　　　年　　　月　　　日

　病院又は診療所の名称・所在地

　担当診療科名

　担当医師氏名　　　　　　　　　　　　　　　　印

〈資料35〉　任意後見監督人選任の審判書（例）

令和〇年（家）第　　　　　号　任意後見監督人選任（新規）申立事件

審　　　判

住所　　大阪府大阪市〇〇区〇〇町〇番〇号

　　　　申立人　〇〇〇〇

本籍　　和歌山県〇〇市〇〇町〇番

住所　　大阪府　〇〇市〇〇町〇番〇号

　　　　本人　〇〇〇〇

　　　　　　　　昭和 〇 年 〇 月 〇 日生

　本件について，当裁判所は，その申立てを相当と認め，次のとおり審判する。

主　　　文

1　本人の任意後見監督人として次の者を選任する。

　　　住所　　大阪府大阪市〇〇区〇〇町〇番〇号

　　　氏名　〇〇〇〇　　　（弁護士）

2　手続費用のうち，申立手数料及び後見登記手数料は本人の負担とし，その余は申立人の負担とする。

令和〇年〇月〇日

大阪家庭裁判所

裁判官

Q38　任意後見契約発効後に最初にすべきこと

任意後見契約発効後に、任意後見人が最初にすべきことは何でしょうか。

 家庭裁判所が任意後見監督人選任の告知をした時点で任意後見契約は発効し、任意後見受任者は任意後見人となって、その職務が始まります。ここでは、任意後見人として最初に行うべきことを確認します。

1　任意後見契約公正証書の再確認

法定後見とは異なり、任意後見では、任意後見人の職務の内容は任意後見契約により決まっています。そこで、まず、任意後見契約公正証書の内容をあらためて確認し、任意後見人の職務内容を把握しておきましょう。

2　記録の閲覧・謄写

任意後見受任者以外の者が任意後見監督人選任の審判を申し立てたため、任意後見人が申立ての詳細を把握していない場合には、「任意後見監督人選任申立書」、「申立事情説明書（任意後見）」、「親族関係図」、「財産目録」、「相続財産目録」、「収支予定表」、「任意後見受任者事情説明書」、「本人情報シート（成年後見制度用）」、「診断書（成年後見制度用）」などの書類を家庭裁判所で閲覧・謄写して、状況の詳細を把握する必要があります。閲覧・謄写をするには家庭裁判所の許可が必要ですので、家庭裁判所に申請手続を問い合わせてください。

3　任意後見監督人との面談

　任意後見人は、任意後見監督人による監督を受け、あるいは相談をしなが
ら、任意後見人としての職務を行っていくことになります。

　そこで、まず、任意後見監督人と面談をして、任意後見人としての職務遂
行の方法や注意点について確認しましょう。

4　本人との面談および現況の把握

　任意後見人に就任した後は、速やかに本人と面談し、本人の今後の生活や
財産管理について相談しましょう。任意後見監督人は本人と面識のない場合
が多いことから、任意後見監督人と一緒に本人と面談することも有効です。

　また、任意後見契約締結の際に、本人からライフプラン（Q 19参照）を十
分に聴き取っていることと思いますが、これが不十分である場合にはあらた
めて確認したり、また、作成当時から本人の希望が変わったりしていないか
などについて把握することが必要です。

5　登記事項証明書の取得

　任意後見人として活動するためには、さまざまな場面で、その資格を証明
する必要が出てきます。

　そこで、法務局から、任意後見人の登記事項証明書を取り寄せておきます。

　使用できる期間が定められている場合が多く、原本還付が可能な手続もあ
り、繰り返し使うこともできますので、必要な通数を確認しておきましょう。

6　ケアマネジャーや親族などへの連絡

　すでに本人が要介護認定を受けており、ケアマネジャーがついている場合、
地域包括支援センターの支援を受けている場合、老人ホームに入所している
場合などには、これらの関係者に任意後見人に就任した旨を伝え、今後の介

護方針などについて説明を受けたり相談したりしましょう。

さらに、必要に応じて、支援する人を増やすことも検討しましょう。このような本人の生活を支援する人たちが連携して本人の生活を支え（本人を支援する人の集まりをチームといいます）、任意後見人もこのチームの一員となります。

また、本人の親族へも任意後見人に就任したことを伝えるべきですが、本人との間で紛争があるなど、何らかの理由で本人が連絡を希望しないこともありますので、状況により慎重な対応が必要です。

7　関係諸機関への連絡・届出

任意後見人の代理権行使の必要に応じて、関係する諸機関に対し、任意後見人に就任したことを連絡し、同時に連絡先を任意後見人宛に変更してもらいましょう。連絡後に、就任届や登記事項証明書等の提出を求められる場合もあります。

(1)　行政機関等

市役所等の中の、国民健康保険・後期高齢者医療保険、介護保険、障害福祉、水道局等の各担当部署に対し、任意後見が開始されたことの連絡をします。同じ役所の中でも、異なる部署の間では相互の連絡が行われないことが多いので、担当部署を確認し、それぞれの部署に連絡したほうがよいでしょう。

税金（所得税、住民税、固定資産税）についても、それぞれを管轄する機関を確認して、連絡します。

年金については、日本年金機構や企業年金等の取扱機関を確認して連絡しましょう。

担当部署等については、各種の通知や、行政機関のウェブサイト等で確認できる場合もあります。

⑵　**金融機関等**

取引のある銀行・保険会社・証券会社等に対しても、任意後見が開始されたことの連絡をします。取引があると推測されるが確信が持てない場合でも、連絡（問合せ）をすると、取引の有無や内容を教えてくれます。

⑶　**ライフライン等**

必要に応じ、電気会社・ガス会社・電話会社・新聞配達所等の日常生活上必要な各種契約の相手方、本人が賃貸住宅に居住している場合等には管理会社や賃貸人に連絡します。

契約書や各種通知、預金口座の引落履歴等から、連絡すべき相手方を確認しましょう。

8　財産目録・年間収支予定表の作成

財産目録の作成についてはQ37・41、年間収支予定表の作成についてはQ39を参照してください。

9　職務全般について

家庭裁判所からの指示文書（後見監督人選任審判に同封されていることもあります）や、「意思決定支援を踏まえた後見事務のガイドライン」（Q14参照）を確認しましょう。

Q39　財産目録・年間収支予定表の作成

財産目録・年間収支予定表の作成の仕方を教えてください。

1　財産目録・年間収支予定表を作成する目的

　　任意後見人が安定して財産管理および身上保護を行うためには、本人の財産を把握し、本人の毎年の収入と支出の見通しを立てる必要があります。見通しを立てないまま、漫然と支出をしていると、経済的に破綻してしまうことになりかねません。

　法定後見の成年後見人については、民法861条1項で「後見人は、その就職の初めにおいて、被後見人の生活、教育又は療養看護及び財産の管理のために毎年支出すべき金額を予定しなければならない」とされています。

　任意後見人には規定はありませんが、任意後見人としての職務を適切に遂行するためには財産目録・年間収支予定表の作成が必要不可欠でしょう。

2　財産目録の作成方法

　財産目録の作成については、Q37・41を参照してください。

3　年間収支予定表の作成方法

　〈資料36〉のような形式のものを作成するとよいでしょう。

　まず、年金額通知書などを基に、年金など本人が年間に受け取っている収入を把握し、「種別」、「名称・支給者」、「金額」欄に記載します。次に、領収証、納税通知書、預金通帳などを基に、本人の生活にかかっている費用を把握し、「費目」、「支払先等」、「金額」欄に記載します。

　なお、収支が赤字であっても、本人の一生を支えられるだけの資力（貯蓄

など）がある場合は、無理に赤字を減少させる必要はありません。逆に、本人の身上保護の充実などの有益な使途に用いた結果、赤字が大きくなることもあり得ます。

〈資料36〉　年間収支予定表（例）（東京家庭裁判所の例）

年間収支予定表
（　年　額　で　書　い　て　く　だ　さ　い。）

1　本人の定期的な収入　（　年金額通知書，確定申告書等を見ながら書いてください。）

種　別	名称・支給者等	金　額（円）	入金先通帳・頻度等
年　金	厚生年金 国民年金（老齢基礎年金）	600,000	○○銀行××支店，2か月に1回
配当金（目録2の株式）	△△電力（株）	450,000	○○銀行××支店，6月と12月
親族の立替・援助	長男	180,000	通所施設費相当分を立替　15,000／月
合　計		1,230,000	

2　本人の定期的な支出　（　納税通知書，領収書等を見ながら書いてください。）

費　目	支　払　先　等	金　額（円）	月額・使用通帳等
生活費　食費など		360,000	30,000／月　　同居中の妻分含む
別居中の親族の生活費	二男（大阪在住）	240,000	20,000／月
施設費		180,000	15,000／月　　長男が立替払い
住居費　住宅ローン	○○銀行××支店	440,000	令和4年5月に終了予定
税　金	固定資産税	120,000	年4回支払い，○○銀行××支店 年額240,000円のうち持分2分の1相当分
保険料	国民健康保険，介護保険	330,000	○○銀行××支店
その他			
合　計		1,670,000	

※収支が赤字となる場合は，対処方針等を記載してください。

定期預金の解約や○○市の不動産売却で対応予定

※本人以外の第三者のための支出を予定している場合は，理由等を記載してください。

同居中の妻は無収入であるため，本人が妻の生活費を負担している。
二男は，大学生であり大阪で単身生活しているため，本人が月2万円を援助している。

Q40　現金の管理

現金の管理方法を教えてください。

　　　　　　年金や家賃などの定期的な収入・支出については、できる限り金融機関口座に入金してもらったり、自動引落しにすることによって管理することが望ましいといえます。しかし、日用品の購入など現金で支出する場合もあります。その場合には、収入・支出を現金出納帳に記載して管理します。その際、領収証やレシートを綴って保管するようにしてください。

　特に、現金は本人のものと任意後見人のものとが混同しやすいので、区別して管理するよう注意しなければなりません。

〈資料37〉　現金出納帳（東京家庭裁判所の例）

年月日	項　　目	収　入	支　出	残　高（円）
令和 4．3．2	財産目録1記載口座より引出	50,000円		50,000円
4．3．3	食料品等購入		8,921円	41,079円
4．3．4	被後見人の衣類購入		12,890円	28,189円
4．3．12	食料品等購入		6,522円	21,667円
4．3．22	食料品等購入		6,011円	15,656円
4．4．2	財産目録1記載口座より引出	50,000円		65,656円
4．4．5	食料品等購入		8,222円	57,434円
4．4．10	被後見人の衣類購入		8,980円	48,454円
4．4．11	慶弔費用		5,000円	43,454円
4．4．12	食料品等購入		8,898円	34,556円
4．4．15	食料品等購入		7,010円	27,546円
4．4．18	町内会費		6,000円	21,546円
4．4．21	食料品等購入		8,761円	12,785円

Q41　任意後見事務の報告

任意後見監督人への報告は、どのようにすればよいのでしょうか。

任意後見人は、任意後見契約の定めに従い、任意後見監督人に対して、任意後見事務について定期的に報告しなければなりません。日本公証人連合会の文例では、任意後見人は任意後見監督人に対して３カ月ごとに後見事務に関する事項について書面で報告するものとされています（Q22（〈資料10〉８条１項）参照）。また、任意後見監督人は、いつでも、任意後見人に対して、事務の報告を求めることができますので（任意後見法７条２項）、任意後見監督人から求められたときにも報告する義務があります。

以下では、法定後見人について東京家庭裁判所・後見サイトで公表されている報告書の書式を一部改変したものを紹介しますが、具体的な方法は、任意後見監督人や家庭裁判所に確認しましょう。

なお、任意後見人の権限は任意後見契約により授権された事項に限定されますので、報告書は授権された範囲内で作成すれば足ります。

〈資料38〉　後見事務報告書（東京家庭裁判所後見サイトを基に一部改変）

開始事件 事件番号　**令和3年**（家）第**8＊＊＊＊**号　【 本人氏名：　後　見　太　郎　　　　　　】

後見等事務報告書

（報告期間：令和4年2月1日〜令和5年1月31日）

令和　5　年　　2　月　　5　日

住　所　東京都千代田区○○1丁目2番3号

任意後見人　　後　見　次　郎　　　　　　印

日中連絡のつく電話番号 090－3＊＊＊－5＊＊＊

| 1 | 本人の生活状況について |（全員回答してください。）

(1)　前回の定期報告以降，本人の住居所に変化はありましたか。

□　以下のとおり変わらない　　■　以下のとおり変わった

　　（「以下のとおり変わった」と答えた場合）住所又は居所が変わったことが確認できる資料
　　（住民票，入院や施設入所に関する資料など）を，この報告書と共に提出してください。
　　【住民票上の住所】
　　　東京都△△区△△2丁目3番4号　有料老人ホーム○○苑
　　【実際に住んでいる場所】（入院先，入所施設などを含みます）
　　　同上

(2)　前回の定期報告以降，本人の健康状態や生活状況に変化はありましたか。

□　変わらない　　■　以下のとおり変わった

　　令和4年9月から上記の有料老人ホームに入所している（住民票提出済み）。
　　令和4年7月に胃の手術をしたが，経過は良好である。

| 2 | 本人の財産状況について |

　　　　（財産管理に関する代理権が付与されていない保佐人・補助人は回答不要です。）

(1)　前回の定期報告以降，定期的な収入（年金，賃貸している不動産の賃料など）に変化はありま
したか。

□　変わらない　　■　変わった

　　（「変わった」と答えた場合）いつから，どのような定期的な収入が，どのような理由により，
　　1か月当たりいくらからいくらに変わりましたか。以下にお書きください。また，額が変わった
　　ことが確認できる資料をこの報告書と共に提出してください。

変わった時期	変わった収入の種類	変わる前の額 （1か月分/円）	変わった後の額 （1か月分/円）	変わった理由	額が変わったことの分かる資料
令和4年 10月	国民年金	5万円	6万円	年金改定	年金額改定通知書
年　　月					
年　　月					

※年金など2か月に1回支払われるものについても，1か月あたりの金額を記載してください。

(2)　前回の定期報告以降，１回につき１０万円を超える臨時の収入（保険金，不動産売却，株式売却など）がありましたか。

□　ない　　■　ある

（「ある」と答えた場合）いつ，どのような理由により，どのような臨時収入が，いくら入金されましたか。以下にお書きください。また，臨時収入があったことが確認できる資料をこの報告書と共に提出してください。

収入があった日	臨時収入の種類	収入額（円）	収入があった理由	収入の裏付資料
令4・6・12	不動産売却代金	275万円	□□市所在の山林持分を売却した。	売買契約書
・　・				
・　・				
・　・				

(3)　前回の定期報告以降，本人が得た金銭は，全額，今回コピーを提出した通帳に入金されていますか。

■　はい　　□　いいえ

（「いいえ」と答えた場合）入金されていないお金はいくらで，現在どのように管理していますか。また，入金されていないのはなぜですか。以下にお書きください。

....

....

....

(4)　前回の定期報告以降，定期的な支出（生活費，入院費，住居費，施設費など）に変化はありましたか。

□　変わらない　　■　変わった

（「変わった」と答えた場合）いつから，どのような定期的な支出が，どのような理由により，１か月当たりいくらからいくらに変わりましたか。以下にお書きください。また，額が変わったことが確認できる資料をこの報告書と共に提出してください。

変わった時期	変わった支出の種類	変わる前の額（1か月分/円）	変わった後の額（1か月分/円）	変わった理由	額が変わったことの分かる資料
令4年5月	住宅ローン	11万円	なし（0円）	完済	通知書
4年9月	生活費	3万円	1万円	施設入所	領収書
4年9月	施設費	1万5000円	12万円	施設入所	入所契約書，領収書

(5)　前回の定期報告以降，１回につき１０万円を超える臨時の支出（医療費，修繕費，自動車購入，冠婚葬祭など）がありましたか。

□　ない　　■　ある

（「ある」と答えた場合）いつ，どのような理由により，どのような臨時支出が，いくら出金されましたか。以下にお書きください。また，臨時支出があったことが確認できる資料をこの報告書と共に提出してください。

支出のあった日	臨時支出の種類	支出額（円）	支出があった理由	支出の裏付資料
令4・7・21	医療費	50万円	胃の手術費用	領収書
4・9・11	施設入所一時金	300万円	有料老人ホーム入所	領収書
・　・				
・　・				

167

(6)　前回の定期報告以降，本人の財産から，本人以外の人（本人の配偶者，親族，後見人自身を含みます。）の利益となるような支出をしたことがありますか。

■　ない　　　□　ある

（「ある」と答えた場合）誰のために，いくらを，どのような目的で支出しましたか。以下にお書きください。また，これらが確認できる資料をこの報告書と共に提出してください。

....

....

....

3　同意権・取消権について　（保佐人，補助人のみ回答してください。）

(1)　前回の定期報告以降，同意権を行使しましたか（今後，行使する予定がありますか）。

□　行使していない（予定していない）　　　□　行使した（予定がある）

（「行使した（予定がある）」と答えた場合）その時期と内容はどのようなものですか。以下にお書きください。また，これらが確認できる資料をこの報告書と共に提出してください。

....

....

....

(2)　前回の定期報告以降，取消権を行使しましたか（今後，行使する予定がありますか）。

□　行使していない（予定していない）　　　□　行使した（予定がある）

（「行使した（予定がある）」と答えた場合）その時期と内容はどのようなものですか。以下にお書きください。また，これらが確認できる資料をこの報告書と共に提出してください。

....

....

....

4　あなたご自身について　（全員回答してください。）

次の(1)から(3)までについて，該当するものがありますか。

(1)　他の裁判所で成年後見人等を解任されたことがありますか。

■　ない　　　　　　　□　ある

(2)　裁判所で破産の手続をとったことがありますか。

■　ない　　　　　　　□　ある

(3)　あなた自身や，あなたの配偶者，親又は子が，本人に対して訴訟をしたことがありますか。

■　ない　　　　　　　□　ある

5　その他　（全員回答してください。）

上記報告以外に裁判所に報告しておきたいことはありますか。

■　特にない　　　□　以下のとおり

....

....

....

※　□がある箇所は，必ずどちらか一方の□をチェック（レ点）するか，又は塗りつぶしてください。
※　完成したら，裁判所に提出する前にコピーを取って，次回報告まで大切に保管してください。
※　報告内容に不明な点などがある，必要な資料が提出されないなどの場合には，詳しい調査のため調査人や監督人を選任することがあります。

〈資料39〉 財産目録（東京家庭裁判所の例）

開始事件 事件番号　**令和3年（家）第8＊＊＊＊号**　【本人氏名：後見太郎】

財産目録（令和5年1月31日現在）

令和5年　2月　5日　　　作成者氏名　後見次郎　　印

本人の財産の内容は以下のとおりです。

1 預貯金・現金

金融機関の名称	支店名	口座種別	口座番号	残高（円）	管理者
○○銀行	××支店	普通	2345678	3,034,900	後見人
●●銀行	■■支店	定期	8765432	300,000	後見人
	支援信託				
●●銀行	支援預貯金	1122333	10,000,000		後見人
現　金				52,147	後見人
合　計				13,387,047	
前回との差額				1,379,022	（増・減）

（2から7までの各項目についての記載方法）
・初回報告の場合→すべて右の□をチェックし、別紙も作成してください。
・定期報告の場合→財産の内容に変化がない場合→左の□にチェックしてください。該当財産がない場合には、（　）内の□にもチェックしてください。
　　　　　　　　　財産の内容に変化がある場合→右の□にチェックした上、前回までに報告したものも含め、該当する項目の現在の財産内容すべてを別紙にお書きください。

2 有価証券（株式、投資信託、国債、外貨預金など）
■ 前回報告から変わりありません（□該当財産なし）　　　□ 前回報告から変わりました（別紙のとおり）

3 不動産（土地）
□ 前回報告から変わりありません（□該当財産なし）　　　■ 前回報告から変わりました（別紙のとおり）

4 不動産（建物）
■ 前回報告から変わりありません（□該当財産なし）　　　□ 前回報告から変わりました（別紙のとおり）

5 保険契約（本人が契約者又は受取人になっているもの）
□ 前回報告から変わりありません（□該当財産なし）　　　■ 前回報告から変わりました（別紙のとおり）

6 その他の資産（貸金債権、出資金など）
■ 前回報告から変わりありません（■該当財産なし）　　　□ 前回報告から変わりました（別紙のとおり）

7 負債（立替金など）
□ 前回報告から変わりありません（□該当なし）　　　■ 前回報告から変わりました（別紙のとおり）

2　有価証券（株式，投資信託，国債，外貨預金など）

種　類	銘柄等	数量（口数，株数，額面等）	評価額（円）
別紙を作成する場合でも，変化のない項目は記載不要です。			
合　計			

3　不動産（土地）

所　在	地　番	地　目	地積（㎡）	備　考
●●区●●●●丁目	○○○番2	宅地	123.24	

4　不動産（建物）

所　在	家屋番号	種　類	床面積（㎡）	備　考
別紙を作成する場合でも，変化のない項目は記載不要です。				

5　保険契約（本人が契約者又は受取人になっているもの）

保険会社の名称	保険の種類	証書番号	保険金額（受取額）（円）	受取人
■■生命	がん保険	＊＊＊＊＊＊	1,000,000	本人
□□生命	生命保険	＊＊＊＊＊＊	4,500,000	本人

変化がなかった財産も含めてあらためて当該項目の現在の財産の内容すべてを記載してください。
　例：■■生命（報告期間内に新規契約）→記載する。
　　　□□生命（前回報告と同じ）　　→記載する。

6

種　類	債務者等	数量（債権額，額面等）

7　負債（立替金など）

債権者名（支払先）	負債の内容	残額（円）	返済月額・清算予定
なし			
合　計			

〈資料40〉 収支状況報告書（継続報告用）（東京家庭裁判所の例）

開始(選任)事件　事件番号　　　年(家)第　　　　号　【本人氏名：　　　　　　　】

収支状況報告書

（報告期間：　　年　月　日〜　　年　月　日）

令和　年　月　日　作成者氏名　　　　　　　　　印

1　収入

区分, 内容	金額（円）	入金口座
【定期収入】		
年金（厚生・国民		
年金（その他　　　　　）		
賃料		
親族の立替・援助		
株等の配当金		
その他（　　　　　）		
その他（　　　　　）		
その他（　　　　　）		
（小計）	0	
【臨時収入】（医療還付金等があればこの欄に記載）		
不動産売却金		
保険金		
その他（　　　　　）		
その他（　　　　　）		
その他（　　　　　）		
A　合計	0 円	

2　支出

区分, 内容	金額（円）	引落口座
【定期支出】		
生活費（水道・光熱費を含む）		
施設費		
医療費		
所得税		
住民税		
固定資産税		
保険料（介護保険料・国民健康保険料等）		
住居費（家賃・住宅ローン等）		
その他（　　　　　）		
その他（　　　　　）		
その他（　　　　　）		
その他（　　　　　）		
（小計）	0	
【臨時支出】		
手術費用		
施設入所一時金		
後見人報酬		
その他（　　　　　）		
その他（　　　　　）		
その他（　　　　　）		
B　合計	0 円	
A−B＝	0 円	

Q42　財産管理事務の具体例

財産管理事務の具体例を説明してください。

1　財産管理

　　任意後見契約が発効すれば、任意後見人は、任意後見契約に定められた代理権の範囲内で財産管理を行うことになります。

　任意後見人は、委託に係る事務を行うにあたっては、本人の意思を尊重し、かつ、本人の心身の状態や生活の状況に配慮しなければならないとされています（任意後見法6条）。任意後見契約が発効したら、本人や支援者と面談するなどして、本人の希望、判断能力の程度、健康状態、生活状況、収入と支出の状況等を確認して財産管理の範囲や方法を決め、その後も本人の希望や健康状態・生活状況等に変化がないかに注意し、それらの変化に応じて財産管理の範囲や方法を変更していくようにしましょう。

　なお、法定後見とは異なり、任意後見の場合は、本人の行為能力は制限されず、任意後見契約が発効した後も、本人は、任意後見人の同意を得ずに財産を管理し、処分することができます。ですから、任意後見人が財産管理を行うにあたっては、本人の意思や自由を尊重することとともに、本人の財産に被害が生じないよう、慎重に配慮することが求められます。

2　財産管理事務の具体例

　任意後見人が行う財産管理として想定されている事項について、簡単に整理しておきます。ただし、これらの事項が実際に職務に含まれるかどうかは、任意後見契約の内容によりますので、代理権目録を確認したうえで、本人の

意思、健康状態、生活状況等に配慮してそれぞれの業務を行ってください。

なお、以下のほかに、金融機関との取引に関する事項、生活に必要な送金および商品の購入などに関する事項が重要な財産管理事務としてありますが、これらについては、Q43・44で説明します。

⑴　不動産の管理・保存・処分などに関する事項

土地や建物の管理・保存、売却、賃貸借契約の締結・変更・解除、担保権の設定契約の締結・変更・解除などがあります。

なお、居住用不動産の処分（賃貸借契約の解除や担保権の設定も含まれます）は身上保護にも深く関係するものですので、Q45を参照してください。

⑵　定期的な収入の受領および費用の支払いに関する事項

家賃・地代、年金・障害手当その他の社会保障給付などの受領、家賃・地代、公共料金、保険料、ローンの返済金などの支払いなどがあります。支払いについては、年金等の入金のある口座から自動引落しされるようにしておけば簡便でしょう。

本人が年金などの受給資格を取得した場合には、受給のための手続を行う必要があります。

また、家賃収入などがあり、それが延滞された場合には、回収方法を検討することになります。

⑶　相続に関する事項

遺産分割または相続の承認・放棄、贈与または遺贈の受諾・拒絶または負担付きの贈与または遺贈の受諾・拒絶、寄与分を定める処分調停・審判の申立て、遺留分侵害額の請求などがあります。

⑷　保険に関する事項

保険契約の締結・変更・解除、保険金の受領があります。

保険に関しては、任意後見契約が発効したときに、保険会社に任意後見人就任の届出をし、各種通知等が任意後見人に届くようにしておくとよいでしょう。

(5)　証書などの保管および各種の手続に関する事項

　預貯金通帳、登記済権利証・登記識別情報、実印・銀行印・印鑑登録カード・個人番号（マイナンバー）カードなどの保管・使用、有価証券などの保護預り取引に関する事項、登記の申請、供託の申請、住民票・戸籍謄抄本・登記事項証明書その他の行政機関の発行する証明書の請求、税金の申告・納付などを行います。

　任意後見人が本人から重要な書類等を預かったときは、本人に対し、その明細および保管方法を記載した預り証を交付します。

　また、重要なものについては貸金庫で保管することも検討すべきでしょう。

Q43　金融機関との取引に関する事項

金融機関との取引をする際に、特に注意すべき事項を教えてください。

1　従前の口座を利用する場合

A　任意後見人に就任したときは、本人が従前から利用していた金融機関に、任意後見人に就任した旨を届け出るのが一般的です。特に、第三者による口座からの出金や口座の解約を防止したい場合などは、金融機関に任意後見人就任の届出をし、任意後見人以外による出金や解約に応じないように求めておくべきです。

任意後見人就任の届出のためには、①各金融機関で用意されている届出書、②任意後見に係る登記事項証明書、③任意後見人の身分証明書などを要求されます。詳しくは各金融機関に問い合わせてください。

ところで、金融機関に任意後見人に就任した旨を届け出ると、金融機関によっては、キャッシュカードの使用が一切できなくなったり、特定の支店の窓口以外での取引ができなくなったり、口座名義が任意後見人の名に変更になることにより口座への振込みや振替えに支障が生じたりすることがあります。

そこで、届出の前に、これらの不便や不利益が生じないか、金融機関に確認しておきましょう。このような不便や不利益が避けられないときは、金融機関に任意後見人就任の届出をせず、本人から通帳とキャッシュカードを預かって任意後見人が入出金を続けることも考えられます。

また、任意後見人に就任したことを届けると、金融機関によっては、本人が口座から出金できなくなることがあります。このため、本人が預金の管理を続けたいという場合にも、その金融機関に任意後見人就任の届出をしない

175

でおく方法が考えられます。ただし、この場合は、本人の判断能力の程度等によっては、本人が不必要に多額の預金を管理していないかなどについて注意が必要です。

2　新規に口座を開設する場合

任意後見人が新たに口座を開設して管理することも可能です。

新たに口座を開設しようとする場合、口座開設の申込書のほか、①各金融機関で用意されている届出書、②任意後見に係る登記事項証明書、③任意後見人の身分証明書などを要求されます。詳しくは各金融機関に問い合わせてください。

Q44　生活費の送金および物品の購入などに関する事項

　生活費の送金、日用品の購入などのような日常生活に関する取引や、日用品以外の生活に必要な機器・物品の購入はどのようにすればよいのでしょうか。

A　任意後見人の職務は法律行為に関する事柄ですので、生活費を本人のもとに持参して手渡すことや、実際に店舗等で日用品等を購入するといった事実行為は、任意後見人の職務には含まれません。よって、生活費の送金や日用品の購入にあたって、任意後見人がこのようなことをする必要はありません（ただし、そのような事実行為について、別途、準委任契約が締結されている場合は、これに基づいて受任者として行う場合があります）。

　任意後見人としては、生活費の送金については、本人の管理する預金口座に送金し、もしくは本人に現金書留で送付し、または、親族や支援者に送金しそれらの者を介して、本人に生活費を届ければよいでしょう。あるいは、親族らに生活費を立て替えてもらい、後日、領収証等の資料を確認のうえで立替額を償還してもよいでしょう。

　また、物品・機器等の購入については、任意後見人が注文し、本人への配達を手配し、振込みにより代金を支払い、あるいは、これらを親族や支援者に依頼し、後日、領収証等の資料を確認のうえで立替額を償還するとよいでしょう。

　なお、親族や支援者に依頼する場合には、本人への現金の交付、生活費の立替え、物品の購入等についての資料を保管しておくよう指示しておきましょう。

　本人の判断能力の程度や本人の意向によっては、機器・物品の購入や日常

生活に関する取引を本人が行うこともあり得ますが、その場合には本人に損害が生じないように注意し、特に日用品以外の機器・物品の購入については必ず事前に任意後見人に相談するよう本人と話し合っておきましょう。また、機器・物品を購入したときは、購入に関する資料を保管しておいてもらいましょう。

Q45　身上保護事務の具体例

身上保護に関する事務として、どのようなことを行えばよいのでしょうか。

　　　　　　ここでは、任意後見人が行うべき身上保護事務として想定されているもののうち重要な事項について、簡単に整理しておきましょう。ただし、実際に職務に含まれるかどうかは任意後見契約で定めることになるので、契約内容を確認してください。

　任意後見人の行う事務は法律行為に限られますから、介護などの事実行為は含まれません。事実行為を依頼するためには、それを委託する旨の準委任契約を締結する必要があります。

1　住居に関する事項

　居住用不動産の購入・処分、借地契約・借家契約の締結・変更・解除、住居などの新築・増改築・修繕に関する請負契約の締結・変更・解除があります。

　居住用不動産を処分することについて、法定後見では家庭裁判所の許可が必要になりますが（民法859条の3）、任意後見では不要です。しかし、住居に関する事項は、財産管理として重要であるのみならず、本人の生活環境・精神状態にとっても極めて重要なものですから、任意後見人としては十分な配慮が必要です。したがって、実際に処分を行う前に、本人の意向を確認し（意思決定支援・Q14参照）、任意後見監督人と相談すべきでしょう。また、任意後見契約で任意後見監督人などの同意が必要であると定められている場合には、その同意を得る必要があります。

179

2　介護サービス契約その他の福祉サービス利用契約などに関する事項

　任意後見人は、要介護・要支援認定の申請などの手続をし、介護サービス契約を締結し、介護サービスが適切に提供されているかを確認することになります。また、その前提として、介護サービス事業者などと協議を行うことになります。

(1)　要介護・要支援認定の申請

　介護保険による介護サービスを受けるためには、まず、本人、家族または代理人が、市町村の窓口などに、要介護・要支援認定の申請を行う必要があります。申請がなされると、認定調査員による調査および医師による意見書を基に、市町村に設置される介護認定審査会が、要介護・要支援に該当するか否か、該当する場合にはそのレベルが認定されます。認定結果は、原則として申請から30日以内に通知されます。申請に際しては、市町村の高齢福祉課などの窓口や地域包括支援センターなどに相談すればよいでしょう。認定結果が本人の現実の状態と食い違っているなどの場合には、都道府県の介護保険審査会に審査請求できるとともに、処分取消しの訴えを提起することもできます。

(2)　要介護・要支援認定の種類・程度

(A)　非該当

　「歩行や起き上がりなどの日常生活上の基本的動作を自分で行うことが可能であり、かつ、薬の内服、電話の利用などの手段的日常生活動作を行う能力もある状態」である場合には、非該当（自立）になります。

(B)　要支援

　「日常生活上の基本的動作については、ほぼ自分で行うことが可能であるが、日常生活動作の介助や現在の状態の防止により要介護状態となることの予防に資するよう手段的日常生活動作について何らかの支援を要する状態」

である場合には「要支援状態」となり、そのレベルによって、要支援1と要支援2に分かれます。

Ⓒ　要介護

「日常生活上の基本的動作についても、自分で行うことが困難であり、何らかの介護を要する状態」である場合には「要介護状態」となり、そのレベルによって要介護1～要介護5に分かれます。

〔要介護1〕　要支援状態から、手段的日常生活動作を行う能力がさらに低下し、部分的な介護が必要となる状態

〔要介護2〕　要介護1の状態に加え、日常生活動作についても部分的な介護が必要となる状態

〔要介護3〕　要介護2の状態と比較して、日常生活動作および手段的日常生活動作の両方の観点からも著しく低下し、ほぼ全面的な介護が必要となる状態

〔要介護4〕　要介護3の状態に加え、さらに動作能力が低下し、介護なしには日常生活を営むことが困難となる状態

〔要介護5〕　要介護4の状態よりさらに動作能力が低下しており、介護なしには日常生活を営むことがほぼ不可能な状態

⑶　介護サービスの利用

要介護・要支援認定を受けると、ケアマネジャー（介護支援専門員）にケアプラン（介護サービスの利用計画）を作成してもらうことになります。その費用は全額介護保険給付の対象となりますから、自己負担はありません（令和5年7月現在）。

介護サービスには、①施設サービス、②居宅サービス、③地域密着型サービス、④介護予防サービス、⑤地域密着型介護予防サービスなどがあり、これらの中から状況に応じてケアプランを作成してもらいます。そして、必要なサービスごとに介護サービス事業者と契約を締結してサービスを利用することになるのです（〈介護保険サービス利用の手続〉参照）。

〈介護保険サービス利用の手続〉

(厚生労働省ウェブサイト)

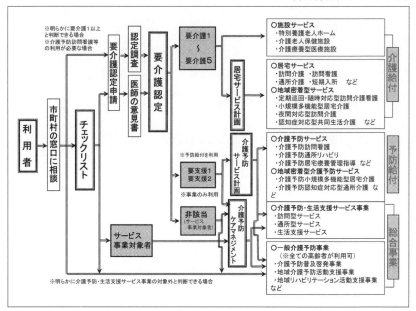

(4)　障害福祉サービス

　介護保険が適用される年齢（原則65歳）に達していない場合や、介護保険が適用される年齢であっても介護認定が非該当となる場合があります。このような場合、障害者総合支援法に基づく障害福祉サービスを利用できることもあります。また、介護保険サービスと併用できる障害福祉サービスもあります。

　障害福祉サービスは、上記(1)〜(3)の介護保険サービスとはしくみが異なります。

3　医療に関する事項

　医療に関する事務としては、医療契約の締結・変更・解除および費用の支払い、病院への入院に関する契約の締結・変更・解除および費用の支払いな

どがあります。

　入院に際して任意後見人に身元保証人となるように求められることもあります。しかし、任意後見人にはこれに応じる義務はありません。また、仮に、任意後見人が身元保証人として入院費用等の支払いをした場合には、任意後見人が本人に対して求償権を有することになり、本人と任意後見人との利益が相反することになってしまいますので、任意後見人は身元保証人になるべきではありません。任意後見人としては、立場上、身元保証人となることができないこと、入院費等は任意後見人が本人の資産から支払うこと等を病院に説明し、身元保証人となることは避けるべきでしょう。なお、医療機関は、身元保証人等がいないことのみを理由として入院を拒むことはできません（厚生労働省医政局医事課長平成30年4月27日医政医発0427第2号「身元保証人等がいないことのみを理由に医療機関において入院を拒否することについて」）。

　また、任意後見契約により本人の延命治療を拒絶する権限や医的侵襲行為に同意する権限を任意後見人に与えることはできないと解されています。任意後見人となった後に、医師や病院から延命治療についての判断、あるいは医的侵襲行為についての同意を求められたときは、任意後見人としてはこれらについて権限がないことを説明し、意思決定支援を行っても本人が意思決定できないときは、親族への意向確認を求めます。親族がいないときや、いても対応してくれないときには、病院の判断に委ねざるを得ないでしょう。本人が延命治療を行ってほしくないのならば、判断能力のあるうちに尊厳死宣言（リビング・ウィル）の公正証書（Q27参照）を作成する必要があります。本人に判断能力の低下がある場合については、「身寄りがない人の入院及び医療に係る意思決定が困難な人への支援に関するガイドライン」および、「『ガイドライン』に基づく事例集」（いずれも厚生労働省）が公表されています。

Q46　老人ホームへの入所

老人ホームに入所する場合の任意後見人の役割を教えてください。また、どのような種類の施設があり、どのように選べばよいのでしょうか。

1　任意後見人の役割

　　任意後見人の業務としては、福祉関係施設への入所に関する契約の締結・変更・解除および費用の支払い、施設入所措置に関する審査請求などがあります。

　施設入所契約を締結する際には、身元保証が求められることが多いようです。しかし、任意後見人にはこれに応じる義務はありません。本人の身近に親族がいる場合はその親族にお願いすることが一般的ですが、身近に親族がいない場合には、任意後見人が身元保証人となることが求められることもあります。しかし、任意後見人が施設利用料等の支払い等について保証債務を履行すると、本人と任意後見人の利害が対立することになるため、身元保証人となることは適切ではありません。任意後見人としては、立場上、身元保証人となることができないこと、施設利用料等は任意後見人が本人の資産から支払いをすること、本人の死亡時の遺体の引取り等については親族等が行うこと等を施設に説明して、身元保証人となることを避けるべきでしょう。なお、介護保険施設（後記2⑴）は身元保証人等がいないことのみを理由として入所を拒むことはできません（厚生労働省老健局高齢者支援課・振興課平成30年8月30日労高発0830第1号・労振発0830第2号「市町村や地域包括支援センターにおける身元保証等高齢者サポート事業に関する相談への対応について」）。

2　老人ホームの種類

(1)　介護保険施設

①　介護老人福祉施設（特別養護老人ホーム「特養」）

　　常に介護が必要で在宅生活の困難な方が、日常生活上の世話、機能訓練、看護などのサービスを受けながら生活する施設です。対象者は、原則として、要介護3から要介護5の認定を受けた方です。ただし、要介護1や要介護2の方であっても、やむを得ない事情により、特別養護老人ホーム以外での生活が困難な方については、特例的な入所が認められています。

②　介護老人保健施設（「老健」）

　　病状が安定しており、リハビリテーションや看護、介護を必要とする方が在宅復帰をめざす施設です。対象者は、要介護1から要介護5の認定を受けた方です。

③　介護療養型医療施設

　　長期にわたる療養を必要とする方が、介護等の世話および機能訓練、その他必要な医療などのサービスの提供を受ける施設です。現行の施設については（令和6年（2024年））3月末で廃止となります。対象者は、要介護1から要介護5の認定を受けた方です。

④　介護医療院

　　日常的な医学管理が必要な重介護者の受入れや看取り・ターミナル等の機能と、生活施設としての機能を兼ね備えた施設です。対象者は、要介護1から要介護5の認定を受けた方です。

(2)　老人福祉施設

①　養護老人ホーム

　　自宅での生活が困難な方を、市町村の措置により養護するための施設です。入所者が自立した日常生活を営み、社会的活動に参加するために

必要な指導および訓練、その他の援助を行います。対象者は、原則として65歳以上で、環境上の理由および経済的な理由により、自宅での生活が困難な方です。

② 軽費老人ホーム（A型）

低額な料金で、日常生活に必要なサービスを提供する施設です。食事・入浴などのサービスを提供します。対象者は、60歳以上（夫婦の場合、どちらかが60歳以上）で、家庭環境、住宅事情などの理由により、自宅での生活が困難な方です。

③ 軽費老人ホーム（ケアハウス）

入所者の生活相談に応じたり、入浴、食事の提供や緊急時の対応を行う施設です。対象者は、60歳以上の高齢者で、自炊ができない程度の身体機能の低下があるか、または高齢などのため独立して生活するには不安がある方で、家族による援助を受けることが困難な方です。

⑶ その他高齢者施設

① 介護付有料老人ホーム

食事や介護の提供、その他日常生活に必要なサービスを提供する施設で、「特定施設入居者生活介護」の指定を受けた施設です。介護が必要となった場合、施設自らが提供する特定施設入居者生活介護を利用しながら、当該施設の居室で生活を継続することが可能です。対象者は、概ね60歳以上の高齢者です。

② 住宅型有料老人ホーム

食事や介護の提供、その他日常生活に必要なサービスを提供する施設です。介護が必要となった場合、入居者自身の選択により、地域の訪問介護などの介護サービスを利用しながら、当該施設の居室で生活を継続することが可能です。対象者は、おおむね60歳以上の高齢者です。

③ サービス付き高齢者向け住宅（「サ高住」）

住宅としての居室の広さや設備、バリアフリーといったハード面の条

件を備えるとともに、ケアの専門家による安否確認や生活相談サービスを提供することなどにより高齢者が安心して暮らすことができる環境を整え、都道府県・政令市・中核市に登録された住宅です（平成23年10月施行事項）。対象者は、単身高齢者世帯（60歳以上の者または要介護・要支援認定を受けている者）または高齢者＋同居者（配偶者／60歳以上の親族／要介護・要認定を受けている親族／特別な理由により同居させる必要があると知事が認める者）です。

以上、大阪府「高齢者施設の概要」参照
https://www.pref.osaka.lg.jp/koreishisetsu/gaiyou/
（その他参照ウェブサイト）
厚生労働省「介護事業所・生活関連情報検索」
https://www.kaigokensaku.mhlw.go.jp/
国民生活センター「ウェブ版国民生活№103（2021年）」
https://www.kokusen.go.jp/pdf_dl/wko/wko-202103.pdf

3　入居施設を選ぶ際の注意点

　入居施設を選ぶ際には、本人らしい生活を送ることができるように、施設の種類や特色、運営、雰囲気等も検討する必要があります。
　施設面では個室か相部屋か、個室の設備・共用の設備は何か、介護が必要になった場合に部屋を移動するのか、寝たきりになっても入浴できる設備があるか、リハビリ設備等があるか等を確認します。
　運営面では、入所金の保全状況、職員の定着率（離職率）、入居者の年齢・介護度等の分布、入居者と職員との割合、医療機関との連携、外部評価導入の有無等を確認します。
　介護面ではどの程度の介護度まで利用可能なのか、医療的対応（胃ろう、酸素吸入、インスリン注射等）が可能なのか、看取り対応が可能なのかなどを

確認します。

　生活面では、自由に外出・外泊ができるのか、面会時間の制約があるか、食事やレクリエーションの内容、飲酒や喫煙の可否等、外部の医療機関を受診できるか等、本人の従前の生活との異同を確認します。

　また、必ず施設を見学して、その施設で生活する人の表情や職員の様子など、施設全体の雰囲気を確認しましょう。複数の施設を見学すると、施設の個性がわかります。そして、本人に対し、パンフレット等も利用して十分に説明し、本人と一緒に見学したり、体験入所を利用したりして、本人の意見を十分に反映させましょう（意思決定支援・Q14参照）。

　施設の探し方がわからない場合や判断に迷う場合は、ケアマネジャーや地域包括支援センター等に相談することも有益です。

Q47　費用負担・報酬

任意後見人の職務遂行のために発生した費用や、任意後見人の報酬は
どうなるのでしょうか。

1　任意後見人の職務遂行に必要な費用

　　任意後見人が任意後見事務を遂行するために必要な費用に
　　は、任意後見人が本人との面会や金融機関に行くための交通
費、本人の財産の収支を記録する帳簿等の購入費、事務報告書等のコピー代
などがあります。ただし、これらの事務遂行費用は、支出の必要性や本人の
財産に照らして相当な範囲に限られます（東京家裁後見問題研究会編著『後見
の事務』別冊判例タイムズ36号93頁参照）。

　なお、任意後見人が弁護士・司法書士等の専門職であって自身が訴訟や登
記手続をした場合であっても、これらの報酬・手数料相当額は費用に該当し
ません。このような月次報酬以外の報酬・手数料相当額は、たとえば、日本
公証人連合会の文例（Q22参照）のように、「後見事務処理が、不動産の売
却処分、訴訟行為、その他通常の財産管理事務の範囲を超えた場合には、甲
は乙に対し毎月の報酬とは別に報酬を支払う。この場合の報酬額は、甲と乙
が任意後見監督人と協議の上これを定める」との条項が定められている場合
（Q22〈資料10〉の7条）には、報酬として支払われることになります。

　任意後見契約は委任契約ですから、任意後見人が事務処理に要した費用に
ついては、特約のない限り、民法の規定に従って、本人の負担となります。
任意後見人が本人の財産を保管している場合には、その財産の中から適宜支
出することになります。たとえば、日本公証人連合会の文例では「乙が本件
後見事務を処理するために必要な費用は、甲の負担とし、乙は、その管理す

る甲の財産からこれを支出することができる」と明記されています（Q22
〈資料10〉の 6 条）。

　なお、日当などの任意後見人の事務に対する対価の趣旨のものは、費用に
は含まれません。

2　任意後見人の報酬

　任意後見人が報酬を受け取るには任意後見契約の特約が必要となります。
この点、日本公証人連合会の文例では、〔報酬額の定めがある場合〕と〔無
報酬の場合〕が規定されており、任意後見人の報酬はその定めによって決ま
ることになります（Q22〈資料10〉の 7 条）。

　任意後見人は、報酬の定めに従って本人の財産の中からその金額を支出す
ることになります。

Q48　本人死亡後の任意後見人の事務

本人が死亡した場合に、任意後見人は何をすればよいのでしょうか。

1　任意後見契約終了時の基本的事務

　　本人が死亡して任意後見契約が終了した場合、任意後見人は、次の事務を行う必要があります。

① 　任意後見監督人に対する任務終了の報告　　任意後見人は、本人が死亡したこと、最終の事務処理の内容を報告するとともに、最終の財産目録および収支状況報告書を提出します。

② 　後見終了の通知　　金融機関などの取引先に、本人が死亡した旨の通知を行う必要があります。

③ 　後見終了の登記の申請　　本人が死亡した場合には嘱託による登記はされませんので、任意後見人または任意後見監督人は、終了の登記を申請しなければなりません（後見登記法8条2項）。

④ 　経過および結果の報告　　委任が終了した場合、受任者である任意後見人は、委任者である本人に対して、遅滞なくその経過および結果を報告しなければなりません（民法645条）。本人は死亡していますので、この報告は、本人の相続人に対して行うことになります。なお、報告の内容や相手について特約がある場合には、それに従うことになります。

⑤ 　管理財産の引渡し（引継ぎ）　　任意後見人は、委任事務を処理するにあたって受け取った金銭その他の物を、本人の相続人に引き渡さなければなりません（民法646条1項）。相続人間で遺産分割が成立すれば当該財産を取得した相続人に引き渡すことになりますし、遺産分割未了の場合には相続人の代表者に引き渡すことになります。遺言があり、遺言

執行者が定められている場合には、遺言執行者に引き渡すことになります。なお、特約がある場合には、これに従うことになります。しかし、引渡しをすべき者（相続人や受遺者等）が不存在の場合や相続人との連絡が円滑に進まない場合などには、相続財産清算人選任（民法952条）や相続財産管理人選任（民法897条の２）を申し立てることもあります。引継ぎした相続人等から、引継書〈資料41〉をもらいます。

⑥　任意後見監督人に対する引継ぎの報告　　任意後見人は、引継ぎが完了したことおよび任務終了の報告（①）から引継ぎ（⑤）までに行った事務を報告します。

〈資料41〉　**引継書**（東京家庭裁判所の例）

引継書（書式例）

事件番号　　　　　年（家）第　　　　　号（本人　　　　　　　　　　　）

　　　　　　　　　　　　　　　　　　　　令和　　年　　月　　日

□　東京家庭裁判所　後見センター　御中
□　東京家庭裁判所　立川支部後見係　御中

　　　　　　　　　　　　　住所＿＿＿＿＿＿＿＿＿＿＿＿＿＿＿＿＿＿＿

　　　　　　　　　　　　　氏名　　　　　　　　　　　　　　　印
　　　　　　　　　　　　　　　（相続人の方が署名・押印してください。）

　　　　　　　引　継　書

亡＿＿＿＿＿＿＿＿＿＿＿の後見人等であった＿＿＿＿＿＿＿から，遺産の引

継ぎを受けました。

2　急迫の事情がある場合の必要な処分

　死後の事務委任契約を締結していなくとも、急迫な事情があって、相続人
による事務処理が可能となるまでの間に処理しなければならない事項につい
ては、任意後見人が処理しなければなりません（応急処分義務・民法654条）。
これに該当するものとして、死亡直前までの入院費用や介護サービス料の支
払いなどがあります。

　これに対し、葬儀・埋葬・墓石建立・菩提寺の選定に関する事項、相続財

産清算人・相続財産管理人の選任の審判申立て、賃借建物明渡しなどは、原則として急迫の事情がある事項には該当しないと解されますので、死後の事務委任契約を締結していない限り、任意後見人がこれらの事務を行うべきではありません。

3　死亡の届出

　死亡の届出は、届出義務者が死亡の事実を知った日から7日以内にしなければなりません（戸籍法86条）。

　①同居の親族、②その他の同居者、③家主、地主または家屋もしくは土地の管理人の順序で届出義務者となりますが（戸籍法87条1項）、同居の親族以外の親族、後見人、保佐人、補助人、任意後見人および任意後見受任者もすることができます（同条2項）。

　①〜③の届出義務者がいればその届出に委ねることになりますが、届出義務者がいない場合、あるいは、速やかな届出が期待できない場合には、任意後見人が届け出ることも可能です。

4　死後の事務委任契約に基づく事務

　任意後見契約は本人の死亡により終了しますので、任意後見人には葬儀・埋葬などの死後の事務を行う権限はありません。ただし、死後の事務委任契約を締結している場合、任意後見人は同契約に基づき死後の事務を行うことになります（Q27参照）。

第4章　任意後見監督人

Q49 任意後見監督人選任の基準

どのような人が任意後見監督人に選任されるのでしょうか。

1　任意後見監督人の選任の基準

　　任意後見監督人の資格に法律上の制限はありません。ただし、実際には、弁護士・司法書士といった専門職が選任される事例が多いようです。法人が任意後見監督人になることも可能です。また、家庭裁判所は、必要があると認めるときは、複数の任意後見監督人を選任することもできます（任意後見法4条5項）。

　任意後見監督人の選任については家庭裁判所の裁量に委ねられていますが、選任にあたっては、次の事情を考慮しなければならないとされています（任意後見法7条4項による民法843条4項の準用）。

① 本人の心身の状態並びに生活および財産の状況

② 任意後見監督人となる者の職業および経歴

③ 任意後見監督人となる者と本人との利害関係の有無（任意後見監督人となる者が法人であるときは、その事業の種類および内容並びにその法人およびその代表者と本人との利害関係の有無）

④ 本人の意見

⑤ その他一切の事情（任意後見人の心身および財産の状況、任意後見人と本人との親族関係の有無、任意後見人の候補者の意見など）

④「本人の意見」も考慮されますが、家庭裁判所はこれに拘束されるわけ

ではありません。諸事情を考慮し、本人の保護の観点から、慎重に選任します。

　東京家裁後見問題研究会編著『後見の実務』別冊判例タイムズ36号59頁では、「後見センターは、任意後見契約において任意後見監督人候補者が定められていたとしても、この候補者を任意後見監督人に選任することはなく、利害関係のない公正な第三者専門職を選任しており、例外的な取扱いを認めておりません。具体的には、後見センターから弁護士会・公益社団法人成年後見センター・リーガルサポート等に対し推薦を依頼し、その推薦を受けた弁護士・司法書士等を任意後見監督人に選任しています」とされています。

2　任意後見監督人の欠格事由

　任意後見人または任意後見受任者の配偶者、直系血族および兄弟姉妹は、任意後見監督人になることができません（任意後見法5条）。

　また、任意後見法7条4項により民法847条が準用されていますので、次の者も任意後見監督人になることができません。

① 　未成年者

② 　家庭裁判所で免ぜられた法定代理人、保佐人または補助人

③ 　破産者

④ 　本人に対して訴訟をし、またはした者並びにその配偶者および直系血族

⑤ 　行方の知れない者

Q50　任意後見監督人の役割

任意後見監督人は、どのような役割を負うのでしょうか。

　　　　　法定後見では、家庭裁判所が法定後見人を直接監督するの
が原則であり、法定後見人は家庭裁判所に対して報告を行い
ます。後見監督人は、必要があるときに選任されるにすぎず
（民法849条）、後見監督人が選任されていても、家庭裁判所
は法定後見人に対して直接に報告を求めることなどができます（同法863条）。
法定後見人の解任も、家庭裁判所は職権で行うことができます（同法846条）。

　これに対し、任意後見では、必ず任意後見監督人が選任されます。家庭裁
判所が任意後見人を直接に監督することはありません。任意後見監督人は、
任意後見人に対して直接に事務の報告を求めることなどができますが（任意
後見法7条2項）、家庭裁判所は、任意後見監督人に対して任意後見人の事務
に関する報告を求めるなどができるにすぎません（同条3項）。任意後見監
督人は、任意後見人から報告を受け、任意後見人の職務遂行をチェックし、
家庭裁判所に報告します。任意後見監督人の家庭裁判所への報告は、1年に
1回程度求められることが多いようです。また、家庭裁判所は任意後見人を
職権で解任することはできず、解任するには任意後見監督人などの請求が必
要です。

　このように、任意後見では、家庭裁判所による任意後見人に対する監督は、
任意後見監督人による監督を通して行われる間接的なものです。任意後見人
を直接監督する者は任意後見監督人のみであり、その職責は重大であること
を常に意識して行動する必要があります。

　なお、任意後見監督人が監督を怠り、任意後見人が本人に不利益を与えた
場合には、任意後見監督人が責任を問われる可能性もあります（Q54参照）。

Q51　任意後見監督人の職務①──総論

任意後見監督人は、どのような職務を行うのでしょうか。

任意後見監督人の職務は任意後見法 7 条で規定されていますので、整理しておきましょう。任意後見監督人は、善良な管理者の注意をもって任意後見監督人の事務を処理する義務を負っています（任意後見法 7 条 4 項による民法644条の準用）。

1　任意後見人の事務の監督

任意後見監督人は、任意後見人の事務を監督しなければなりません（任意後見法 7 条 1 項 1 号）。これが任意後見監督人の主要な職務です（詳細は Q52 参照）。

2　家庭裁判所に対する定期的報告

任意後見監督人は、任意後見人の事務に関し、家庭裁判所に定期的に報告しなければなりません（任意後見法 7 条 1 項 2 号。詳細は Q55参照）。

3　急迫の事情がある場合の処分

任意後見監督人は、急迫の事情がある場合に、任意後見人の代理権の範囲内において必要な処分をしなければなりません（任意後見法 7 条 1 項 3 号）。

たとえば、任意後見人が不在であったり病気などで職務を行うことができないときに、本人が緊急的に施設入所する必要が生じた場合に契約等の手続を行うことや、時効中断や仮差押えなどにより本人の財産の保全を図ることなどが考えられます。ただし、上に述べたように、任意後見監督人が行うことができるのは、任意後見人の代理権の範囲内の行為に限られますので注意

してください。

4　利益相反の場合に本人を代表すること

　任意後見監督人は、任意後見人またはその代表する者と本人との利益が相反する行為について、本人を代表しなければなりません（任意後見法7条1項4号）。

　たとえば、本人と任意後見人が共同相続人として遺産分割を行うときに任意後見監督人が本人を代表して遺産分割を行ったり、任意後見人が代表者となっている会社が本人の財産を買い受ける場合に任意後見監督人が本人を代表して売買契約を締結することなどが考えられます。ただし、任意後見監督人が代表できるのは、任意後見人の代理権の範囲内の行為に限られます。

5　家庭裁判所の求めに応じた報告など

　家庭裁判所は、必要があると認めるときは、任意後見監督人に対し、任意後見人の事務に関する報告を求め、任意後見人の事務もしくは本人の財産の状況の調査を命じ、その他任意後見監督人の職務について必要な処分を命ずることができます（任意後見法7条3項）。家庭裁判所から命じられたときには、任意後見監督人は、その指示に従って職務を行うことが必要となります。

Q52　任意後見監督人の職務②──任意後見人の監督の進め方

任意後見人の監督について、具体的にはどのように進めていけばよいのでしょうか。

任意後見人の事務を監督すること（任意後見法7条1項1号）は、任意後見監督人の主要な職務です。具体的にどのような手順で監督すればよいのか、整理してみます。

1　記録の閲覧・謄写

多くの場合、任意後見監督人は、本人や任意後見人、任意後見契約の内容などについて何も把握していない状況にあると思われますので、まず、家庭裁判所で記録一式の閲覧・謄写を行って、状況を把握することが重要です。

申立ての際に裁判所に提出されている書類は、Q37で整理しているとおりです。これらの書類により、申立ての事情、本人の財産、収支などを確認してください。また、任意後見契約公正証書の内容、特に代理権目録については、十二分に確認する必要があります。

2　任意後見人との面談

任意後見人との面談を行って、当該事案における後見事務の方針や問題点などについて話し合うことが必要です。

その際、任意後見契約の定めと家庭裁判所の指図に従って、任意後見人に作成してもらうべき年間収支予定表（Q39参照）、現金出納帳（Q40参照）、後見事務報告書、財産目録、収支状況報告書（Q41参照）などの作成方法・提出時期について確認し、任意後見監督人に報告してもらえるようにします。

　初回の報告時期は、家庭裁判所による報告時期の指示がない場合には、法定後見に準じ、任意後見契約の発効後1カ月以内をめやすとするとよいでしょう。早期に任意後見人から報告させることにより、任意後見人の業務遂行状況を把握できるので、以後の監督の方針を立てやすくなります。

　また、問題事例（Q53参照）をあげて、業務遂行についての注意を促すことも有益です。

　なお、任意後見監督人は、いつでも、任意後見人に対して事務の報告を求め、または任意後見人の事務もしくは本人の財産の状況を調査することができます（任意後見法7条2項）。

3　本人などとの面談

　速やかに本人と面談して、本人の状況を把握する必要があります。場合によっては、担当のケアマネジャー、施設の職員、病院の担当医などとも面談する必要があるかもしれません。ライフプラン（Q19参照）などが作成されている場合には、コピーをもらい、今後の事務の参考にすべきです。また、その後も定期的に、時には任意後見人などを交えずに本人等に面談し、本人の状況や意向を把握すべきでしょう。

4　定期的な報告の受領

　日本公証人連合会のQ22〈資料10〉の8条では、任意後見人は、任意後見監督人に対して、3カ月ごとに、後見事務に関する事項について書面で報告をすると規定されています（Q22〈資料10〉の8条）。

　監督の実効を期するためには、このような規定がなくとも、初回報告の後、3カ月に1回程度は任意後見人と面談し、または書面によって、業務報告を受ける必要があるでしょう。

Q53　任意後見監督人として注意すべき問題

> 任意後見監督人は、どのような点に注意して監督すればよいのでしょ
> うか。

　　　　　任意後見監督人が問題を看過した場合には、善管注意義務
違反による責任を問われる可能性もあります（Q54参照）。
どのような問題に注意すべきか、以下で確認しておきましょ
う。

　なお、法定後見の監督に関するものですが、東京家裁後見問題研究会編著
『後見の実務』別冊判例タイムズ36号79頁において、「後見等の事務遂行上の
問題」などが公表されていますので、参考にしましょう。

1　財産の使い込み・無断借用・流用

　任意後見人が、もっぱら自己または自己の家族の生活費を本人の財産から
支出すること、本人の不動産を処分してその代金を自己の債務弁済や不動産
その他の物の購入のために費消することが考えられます。このような支出は
絶対に認められません。

2　虚偽の名目による支出・過大な支出

　使い込みや無断借用・流用が発覚するのを隠蔽するために、収支の報告に
虚偽の費目を記載したり、あるいは生活費、身の回り品の購入費などとして
過大な金額が計上されている例があります。任意後見監督人は、疑わしい支
出がある場合には、実際の状況を確認する必要があるでしょう。

3　付き添い、見舞いの日当

任意後見人が本人に対して行った付き添いや見舞いなどに対するいわゆる「日当」は、報酬の範疇に属すると解されます。したがって、任意後見人がこのような名目で金銭を受領することは認められません。任意後見人は、任意後見契約で定めた報酬および交通費などの実費は本人の財産から受け取ることができますが、その他の名目で受け取ることは許されません。

4　本人が任意後見人およびその家族と生計を共にしている場合における本人の「生活費」および「介護料」

本人と任意後見人が同居するなどして生計を共にしている場合には、本人の食費や光熱費などといった費用を家計全体から峻別することは困難です。このような場合、同居家族全体の生活費を按分するなどして本人の負担部分を割り出し、これに本人にかかる医療費・介護費などを加えた金額のみを、本人の財産から支出するべきです。

5　任意後見人その他の親族に対する扶養

本人とは全く別世帯の任意後見人その他の親族に対して生活費や教育費を支出することや、同居する任意後見人等に対して本人の負担部分を超えて支出をすることは、本人から任意後見人等に対する扶養となります。任意後見人は、任意後見契約による具体的な授権がなされていない限り、このような扶養のための支出を行うことはできません。

また、任意後見契約による授権がなされていても、本人の資力や将来的な見通しを考慮して、扶養の限度や可否について検討すべきです。

6　親族などへの贈与・金銭の貸付け

任意後見契約による授権がなされていない限り、任意後見人は、親族への

贈与や金銭の貸付けなどを行うことはできません。また、代理権目録に定め
がある場合でも、その代理権の行使が善管注意義務に反することにならない
か、金額・目的・本人の財産への影響等から検討すべきでしょう。

7　本人と任意後見人の利益が相反する行為

　利益相反行為については、任意後見監督人は、当該利益相反行為が不当に
本人に不利益を与えていないことを確認したうえで本人を代表しなければな
りません（Q51参照）。

　任意後見人が利益相反行為を行った場合は無権代理となりますので、任意
後見監督人は、当該行為を追認するか否かを判断しなければなりません。

8　冠婚葬祭費

　過大な冠婚葬祭費は、実質的な贈与といえますので、6 と同様に問題とな
ります。本人の意向、本人の従前および現在の交際状況、資産状況に鑑み、
社会通念上相当な範囲にとどめるべきでしょう。

Q54　不適切な後見事務がある場合の対応

> 任意後見人の事務に不適切な処理がある場合は、どのように対応すればよいでしょうか。

1　是正の指示・指導

任意後見人が不適切な後見事務を行っていることが発見された場合、任意後見監督人は、それを是正するよう指示・指導しなければなりません。

任意後見人が報告書を提出しない場合には、期限を決めて提出を求めます。

そして、任意後見監督人は家庭裁判所に対し、定期的な報告とは別途に、任意後見人の不適切な後見事務の内容、指示・指導の内容、その結果を報告することになります。

2　任意後見人が指示・指導に従わない場合

任意後見人が任意後見監督人の指示・指導に従わない場合や期限までに報告書等を提出しない場合、任意後見監督人は、家庭裁判所に対し、速やかにその旨の報告および今後の監督方針を記載した報告書を提出する必要があります。

3　解任申立て・職務執行停止の申立て

任意後見人が行った不適切な処理の程度によっては、家庭裁判所に対して任意後見人の解任請求を行うことを検討します（任意後見法8条）。また、解任の審判が確定するまでの間に本人に不利益が生じる危険がある場合には、審判前の保全処分として任意後見人の職務執行停止の申立てを検討するべき

でしょう。職務執行停止中に急迫の事情がある場合には、任意後見監督人が必要な処分を行います。

4　法定後見の開始審判の申立て

任意後見人が解任されると任意後見契約は終了し、本人に後見人がいない状態になります。しかし、それでは、判断能力の不十分な本人の保護を図ることができません。そこで、法定後見の開始審判の申立てを検討することになりますが、任意後見契約が終了すると、任意後見監督人ではなくなりますので、法定後見の開始審判の申立てを行うことができなくなります（民法7条・11条・15条、任意後見法10条2項参照）。

そこで、解任申立てと同時に、法定後見等の開始審判の申立て、および必要に応じて審判前の保全処分として財産管理者の選任の審判申立てをすることも検討すべきでしょう。

5　任意後見監督人の責任

任意後見監督人が不適切な後見事務に対する対応を怠った場合には、善管注意義務違反による責任を問われる可能性があります。

法定後見の事案ですが、後見監督人が、後見監督人に選任された後、一件記録の謄写をしただけで、成年後見人による本人の財産管理の状況を把握せず、その間、成年後見人によって多額の金銭が横領されたことにつき、後見監督人の善管注意義務違反が認められています（大阪地裁堺支部平成25年3月14日判決・金商1417号22頁）。

Q55　家庭裁判所への定期報告

> 任意後見監督人の職務として行う家庭裁判所への定期報告について、どのように行えばよいでしょうか。

A　任意後見監督人は、任意後見人の事務に関し、家庭裁判所に定期的に報告をする義務があります（任意後見法7条1項2号）。

任意後見監督人の家庭裁判所への報告の時期・内容については家庭裁判所から指示されますが、通常は1年〜2年に1回、任意後見監督人選任の審判がなされた月に報告を求められることが多いようです。

8

〈資料42〉 任意後見監督事務報告書（東京家庭裁判所後見サイトを基に一部改変）

（基本事件　　　　　　　　本人　　　　　　　　　　　）

任意後見監督事務報告書

平成　　年　　月　　日

報告者（任意後見監督人）　　　　　　　　　　　　　　　印

住所　　　　　　　　　　　TEL　　（　　　）

1．任意後見人が行っている事務は，次のとおりである。

 (1)　本人の生活，療養看護面について，任意後見人から，
 　　□ 報告を受けている。　□ 以下の点が不明である。

 (2)　本人の財産面について，任意後見人から，
 　　□ 報告を受けている。　□ 報告がない。又は以下の点が不明である。

2．任意後見人の事務の執行状況は，
 　　□ 適正に執行されている。　□ 次の点に問題がある。

3．本人の生活や財産について，困っていることは，
 　　□ 特になし。　□ 以下のことで困っている。

4．その他，後見監督事務に関して気になっていることは，
 　　□ 特になし。　□ 以下のことが気になっている。

Q56　任意後見監督人の補充・増員

任意後見監督人の補充や増員をするには、どのような手続をとればよいでしょうか。

1　任意後見監督人の補充

任意後見監督人が欠けた場合には、家庭裁判所は、本人、その親族もしくは任意後見人の請求により、または職権で、任意後見監督人を選任します（任意後見法4条4項）。本人保護の観点から任意後見監督人は常に存在すべきものであり、それが欠けている状態は速やかに解消する必要があるからです。

2　任意後見監督人の増員

任意後見監督人が選任されている場合でも、家庭裁判所は、必要と認めるときは、本人、その親族もしくは任意後見人の請求により、または職権で、さらに任意後見監督人を選任することができます（任意後見法4条5項）。

任意後見監督人が複数いる場合の権限は、共同行使が原則と解されますが、家庭裁判所は、職権で、数人の任意後見監督人が共同してまたは事務を分掌してその権限を行使すべきことを定めることができます（任意後見法7条4項による民法859条の2の準用）。

3　手　続

上記の場合、本人、その親族もしくは任意後見人は、任意後見監督人の選任を求める申立てをすることができます。その他の者は、家庭裁判所に対し、職権による任意後見監督人の選任を促すことになります。

Q57　任意後見監督人の辞任・解任

任意後見監督人の辞任・解任は、どういった場合にされるのでしょうか。

1　任意後見監督人の辞任

任意後見監督人は、正当な事由があるときは、家庭裁判所の許可を得て、その任務を辞することができます（任意後見法7条4項による民法844条の準用）。

正当な事由の具体例としては、①任意後見監督人が職業上の必要などから遠隔地に住居を移転して後見監督事務の遂行に支障が生じる場合、②老齢・疾病などにより後見監督の事務の遂行に支障が生じる場合、③本人またはその親族との間に不和が生じる場合などがあります。

2　任意後見監督人の解任

任意後見監督人に不正な行為、著しい不行跡その他後見監督の任務に適しない事由があるときは、家庭裁判所は、他の任意後見監督人（任意後見監督人が数人いる場合）、本人、その親族もしくは検察官の請求により、または職権で、任意後見監督人を解任することができます（任意後見法7条4項による民法846条の準用）。

「不正な行為」、「著しい不行跡」などの内容は任意後見人の解任事由と同様です（Q31参照）。

3　辞任・解任後の処理

任意後見監督人が辞任・解任により欠けた場合でも、任意後見契約に影響

はなく、新たに任意後見監督人が補充選任されます（任意後見法4条4項）。

　選任の手続が終わった後、前任の任意後見監督人と後任の任意後見監督人の間で業務の引継ぎを行います。後任の任意後見監督人は、任意後見契約発効時に準じて、まずは、①記録の閲覧・謄写、②任意後見人との面談、③本人などとの面談を行い（Q52参照）、さらに、前任の任意後見監督人と面談するなどして、事案や監督経過の詳細を把握するとよいでしょう。

Q58　任意後見監督人の費用・報酬

任意後見監督の事務を行う費用には何が含まれるでしょうか。また、報酬はどのように決まるのでしょうか。

1　任意後見監督人の職務遂行上の費用

任意後見監督人が職務を遂行するうえで要した費用は、本人の財産から支弁されます（任意後見法 7 条 4 項による民法 861 条 2 項の準用）。たとえば、記録の謄写費用、本人との面談にかかった交通費、家庭裁判所に報告書を提出するための送料が含まれます（ただし、報酬付与申立てにかかる費用は含まれません）。

任意後見監督人が立て替えた場合は、適宜の時期に、本人または代理権を有する任意後見人に明細書や領収書を示して請求することになります。

2　任意後見監督人の報酬

(1)　報酬付与の申立て

任意後見監督人の報酬は、家庭裁判所が、本人の資力その他の事情によって、本人の財産の中から、審判により相当な額を定めます（任意後見法 7 条 4 項による民法862条の準用）。

任意後見監督人は、家庭裁判所に対し、報酬付与の申立てをして、審判を得る必要があります。〈資料45〉と〈資料46〉は、東京家庭裁判所・後見サイトのものですが、実際に申立てを行う際には各家庭裁判所に確認してください。

(2)　報酬額のめやす

報酬額の基準は法律では決まっておらず、裁判官が、対象期間中の任意後

見監督人の事務内容、本人の財産の内容などを総合考慮して、裁量により、各事案に応じて適正妥当な金額を算定します。

　専門職が任意後見監督人に選任された場合における標準的な報酬額の目安は次のとおりです（東京家庭裁判所・東京家庭裁判所立川支部「成年後見人等の報酬額のめやす」（平成25年1月1日））。

①　基本報酬　　任意後見監督人が通常の後見監督事務を行った場合の報酬（基本報酬）のめやすとなる額は、管理財産額（預貯金および有価証券などの流動資産の合計額）が5000万円以下の場合には月額1万円〜2万円、管理財産額が5000万円を超える場合には月額2万5000円〜3万円です。

②　付加報酬　　任意後見監督人の後見監督事務において、身上保護などに特別困難な事情があった場合には、上記基本報酬額の50％の範囲内で相当額の報酬が付加されます。また、任意後見監督人が、たとえば、報酬付与事情説明書に記載されているような特別の行為をした場合には、相当額の報酬が付加されることがあります。

③　複数任意後見監督人　　任意後見監督人が複数の場合には、上記の報酬額を、分掌事務の内容に応じて適宜の割合で按分することになります。

〈資料43〉　報酬付与申立書（東京家庭裁判所後見サイト）

指定月＿＿月

受付印	□成年後見人　□保佐人　□補助人　□未成年後見人 □監督人（□成年後見　□保佐　□補助　□任意後見 □未成年後見）に対する報酬付与申立書

この欄に収入印紙800円分を貼る。

（貼った印紙に押印しないでください。）

収入印紙　　800円
予納郵便切手　84円

準口頭	基本事件番号	□ 平成 □ 令和	年（家　　）第　　　　　号

東京家庭裁判所　　　御中 　　　　□立川支部 令和　　年　　月　　日	申立人の記名押印	印

添付書類	□ 報酬付与申立事情説明書　□ 後見等(監督)事務報告書　□ 財産目録 □ 預貯金通帳の写し等　□ ※後見登記事項に変更がある場合は□ 住民票　□ 戸籍抄本

※申立人欄は窓空き封筒の申立人の宛名としても使用しますので、パソコン等で書式設定する場合には、以下の書式設定によりお願いします。
（申立人欄書式設定）
上端10.4cm
下端14.5cm
左端 3.3cm
右端 5cm

申立人	住所又は事務所	〒　　−　　　　　　電話　　　（　　　）
	氏名	

本人	住所	〒　　−
	氏名	

申立ての趣旨	申立人に対し，相当額の報酬を与えるとの審判を求める。
申立ての理由	別添報酬付与申立事情説明書のとおり

裁判所使用欄

1　申立人に対し{□就職の日／□平成／□令和　　年　月　日}から{□終了の日／□平成／□令和　　年　月　日}までの

報酬として，本人の財産の中から｜　｜　｜　｜万｜０｜０｜０｜円（内税）を与える。

2　手続費用は，申立人の負担とする。
　　令和　　年　　月　　日
　　東京家庭裁判所　□家事第１部　□立川支部

　　　　裁判官

受告知者	告　知 申立人
告知方法	□住所又は事務所に謄本送付 □当庁において謄本交付
年月日	令和　　・　　・ 裁判所書記官

〈資料44〉　**報酬付与申立事情説明書**（東京家庭裁判所後見サイト）

基本事件番号　□平成　_____年（家）第_____号　本人_____
　　　　　　　□令和

報酬付与申立事情説明書

第1　報酬付与申立時点において管理する流動資産の額（※1万円未満切り上げ）

　1　現預金（※後見制度支援信託による信託財産を含まない。）金_____万円

　2　後見制度支援信託による信託財産　　　　　　　　　　金_____万円

　3　株式，投資信託等の金融資産（時価額）　　　　　　　金_____万円
　　　（※保険，商品券，非上場株式等はここに含めないでください。）

第2　報酬付与申立期間（以下「申立期間」という。）**及び申立期間中の収支**

　　□就職の日　　　　　　　　　　　□終了の日
　　　　　　　　　　　　　から　　　　　　　　　　　まで
　　□平成　　年　　月　　日　　　□平成　　年　　月　　日
　　□令和　　　　　　　　　　　　□令和

　申立期間中における本人の収支は，_____万円（※1万円未満切り上げ）
の（□黒字　□赤字）である。

第3　付加報酬の請求

　□　付加報酬は求めない。

　□　後見人等が本人のために行った，次頁以下にチェックした行為について，付
　　加報酬を求める。

　□　監督人が（□本人を代表した　□同意した），次頁以下にチェックした行為
　　について，付加報酬を求める。

（次頁以下を記載する前に必ずお読みください）

1　次頁以下の行為について付加報酬を求めるときは，所定の箇所にチェックした上で，付加報酬を求める行為の内容を分かりやすく簡潔に記載してください（監督人が付加報酬を求める場合は，監督人として行った事務内容を具体的に記載してください。）。
　本件申立て前に裁判所に報告済みの事情であっても，それについて付加報酬を求める場合は，必ず次頁以下に記載してください。その際に，本件申立て前に裁判所に提出した報告書等を引用する場合は，作成日付及び表題によって報告書等を特定してください。
2　次頁以下の記載とは別に文書を作成し，それを別紙として引用する場合も，その文書に付加報酬を求める行為の内容を特定してください。業務日誌をそのまま別紙として引用した場合は，付加報酬を求める行為が特定できないため，報酬を付加することができません。
3　裏付資料を添付する場合は，付加報酬を求める行為の裏付けとなり得るものを厳選して添付してください。また，それぞれに①，②などと番号を付した上で，付加報酬を求める行為と裏付資料との対応関係が明らかになるようにしてください。
4　付加報酬を求める行為は，原則として申立期間中の行為に限られ，本人の経済的利益額も，原則として申立期間中に現に得たものに限られます。申立期間より前の行為により申立期間中に経済的利益を得た場合はその旨を明記し，申立期間中の行為につき申立期間内に経済的利益を得ていない場合は，次頁以下の1ないし6ではなく7に記載してください。

□1　訴訟手続における訴訟行為（添付資料＿＿＿，＿，＿＿＿参照）
　　※　非訟手続等を含みます。なお，申立期間中に確定判決等を得たが支払を受けていない場合は，後記7に記載してください。
　(1)　事案の概要は，□備考欄のとおり　□添付資料＿＿＿（訴状，判決書等）のとおり　□　　　年　　　月
　　　日付け報告書のとおり
　(2)　訴訟行為は，□申立人が行った　□申立人が委任した弁護士が行った
　(3)　申立期間中の，申立人による出廷や打合せの回数ないし内容，相手方の応訴姿勢，作成した書面の通数
　　　等の具体的事情は，□備考欄のとおり　□別紙のとおり　□特筆すべき事項なし
　(4)　かかる訴訟行為の結果，申立期間中に本人が現に得た（又は減少を免れたことによる）経済的利益額
　　　（判決，和解等に基づく回収額等）は，＿＿＿＿＿＿＿＿万円（※1万円未満切り上げ）であった
　　　（備考）＿＿
　　　＿＿
　　　＿＿
　　　＿＿

□2　調停及び審判手続における対応（添付資料＿＿＿，＿，＿＿＿参照）
　　※　遺産分割調停及び審判を含みます。なお，相続放棄の申述は，後記7に記載してください。
　(1)　事案の概要は，□備考欄のとおり　□添付資料＿＿＿（調停調書，審判書等）のとおり　□　　　年　　　月
　　　日付け報告書のとおり
　(2)　調停等対応は，□申立人が行った　□申立人が委任した弁護士が行った　□監督人が行った
　(3)　申立期間中の，申立人による出廷や打合せの回数ないし内容，相手方の対応姿勢，作成した書面の通数
　　　等の具体的事情は，□備考欄のとおり　□別紙のとおり　□特筆すべき事項なし
　(4)　かかる対応の結果，申立期間中に本人が現に得た（又は減少を免れたことによる）経済的利益額（調
　　　停，審判等に基づく回収額）は，＿＿＿＿＿＿＿＿万円（※1万円未満切り上げ）であった
　　　（備考）＿＿
　　　＿＿
　　　＿＿
　　　＿＿

□3　遺産分割協議，示談等の手続外合意における対応（添付資料＿＿＿，＿，＿＿＿参照）
　　※　単独相続による遺産の受入処理は，後記7に記載してください。
　(1)　事案の概要は，□備考欄のとおり　□添付資料＿＿＿（協議書等）のとおり　□　　　年　　　月　　　日付け
　　　報告書のとおり
　(2)　協議等の対応は，□申立人が行った　□申立人が委任した弁護士が行った　□監督人が行った
　(3)　協議等を主宰し，協議書等の案を作成したのは，□申立人である　□申立人ではない
　(4)　申立期間中の，協議等に向けて申立人が行った作業，相手方の対応姿勢，協議等の回数ないし内容等の
　　　具体的事情は，□備考欄のとおり　□別紙のとおり　□特筆すべき事項なし
　(5)　かかる対応の結果，申立期間中に本人が現に得た（又は減少を免れたことによる）経済的利益額（協
　　　議，合意等に基づく回収額）は，＿＿＿＿＿＿＿＿万円（※1万円未満切り上げ）であった
　　　（備考）＿＿
　　　＿＿
　　　＿＿
　　　＿＿

□4　不動産の任意売却（添付資料＿＿＿，＿，＿＿＿参照）
　(1)　不動産業者には，□依頼していない　□依頼したところ，その業者は以下の作業を行った
　　　＿＿
　　　＿＿
　　　＿＿
　(2)　申立期間中，申立人は，不動産の任意売却のために以下の作業（相手方との交渉，業者対応，現地確
　　　認，居住用不動産処分許可申立て及びそれらにおける困難事情等を含む。）を行った

_____
_____
_____

⑶　不動産の任意売却により，**申立期間中**に本人が現に得た経済的利益額（売却による収益額等）は，
　　　　　　　　　万円（※1万円未満切り上げ）であった

□5　保険金の請求手続（添付資料＿＿，＿＿　参照）
⑴　申立人が請求手続のために収集した書類，資料等は，□添付資料＿＿（請求書等）に明記されていると
　おり（※明記がない場合→特に収集した書類等なし）　□以下のとおり　□特になし
_____
_____

⑵　**申立期間中**の請求手続における困難事情等（保険会社との交渉の有無，その経過等）は，□以下のとお
　り　□特になし
_____
_____

⑶　保険金の請求手続により，**申立期間中**に本人が現に得た経済的利益額（保険金取得による収益額等）
　は，　　　　　　　　　万円（※1万円未満切り上げ）であった

□6　不動産の賃貸管理（添付資料＿＿，＿＿　参照）
⑴　賃貸物件の概要（種類），物件数，賃借人数等は，□添付資料＿＿のとおり　□以下のとおり
_____
_____

⑵　不動産業者には，□依頼していない　□依頼したところ，その業者は以下の作業を行った
_____
_____

⑶　**申立期間中**，申立人は，不動産の賃貸管理として以下の作業（賃借人との契約手続，賃料回収，賃料入
　金確認，修繕手配及び確認及びそれらにおける困難事情等を含む。）を行った
_____
_____

⑷　不動産の賃貸管理により，**申立期間中**に本人が現に得た経済的利益額（賃料収入による収益額等）は，
　　　　　　　　　万円（※1万円未満切り上げ）であった

□7　その他の行為（添付資料＿＿，＿＿　参照）
⑴　上記1ないし6以外に，申立人が後見人等の通常業務の範囲を超えて行った，本人の財産管理，身上監
　護に関する行為（親族や本人との対応，不正等への対応，本人死亡に伴う対応等を含む。）は，□備考欄
　のとおり　□別紙のとおり
　※　別紙を用いる場合も，その別紙には通常業務の範囲を超えて行った作業を特定して記載してください。業務日誌をそのまま別
　　紙として引用した場合は，付加報酬を求める行為が特定できないため，報酬を付加することができません。
⑵　上記⑴の行為により，**申立期間中**に本人が現に得た　□経済的利益額は　　　　　　　万円（※1万
　円未満切り上げ）であった　□経済的利益は観念できない
　（備考）_____
_____
_____
_____
_____
_____

以　上

Q59　任意後見監督人の職務の終了

任意後見契約が終了した場合、任意後見監督人はどのような職務を行うことになるのでしょうか。

任意後見契約が終了した場合、任意後見監督人の職務も終了しますが、任意後見監督人は次の職務を行う必要があります。

1　家庭裁判所への報告

任意後見監督人は、任意後見人からの報告および最終の財産目録、収支状況報告書の提出を受けて、これをチェックし、家庭裁判所に報告する必要があります。

また、任意後見人から引継書および最終報告から引継ぎまでの事務の報告の提出を受けて、これをチェックし、家庭裁判所に報告します。

2　登記申請

任意後見契約が解除または本人の死亡などにより終了した場合（Q30・33参照）には、任意後見監督人は、本人、任意後見人とともに終了の登記を申請する義務があります（後見登記法 8 条 2 項）。したがって、任意後見監督人は、終了の登記の申請を行う必要があります。

資料　任意後見の利用に役立つウェブサイト

〈裁判所〉
「後見ポータルサイト」
https://www.courts.go.jp/saiban/koukenp/index.html
「後見サイト　東京家庭裁判所後見センター」
https://www.courts.go.jp/tokyo-f/saiban/kokensite/index.html
「申立てをお考えの方へ（任意後見監督人選任）　東京家庭裁判所後見センター」
https://www.courts.go.jp/tokyo-f/saiban/kokensite/moushitate_ninnikouken/
index.html
申立てに必要な書類はここからダウンロードできます。
・任意後見監督人選任の申立ての手引き
・任意後見監督人選任申立セット（書式）表紙
・任意後見監督人選任申立書
・申立事情説明書
・親族関係図
・財産目録
・相続財産目録
・収支予定表
・任意後見受任者事情説明書
・「本人情報シート」の作成を依頼された福祉関係者の方へ
・本人情報シート（成年後見制度用）
・診断書を作成していただく医師の方へ
・診断書（成年後見用）・診断書付票
・成年後見制度における診断書作成の手引・本人情報シート作成の手引

「大阪家庭裁判所後見センター（後見サイト）」
https://www.courts.go.jp/osaka/saiban/13/Vcms3_00000546.html
その他、各家庭裁判所のサイトで情報が提供されています。

〈日本公証人連合会〉　https://www.koshonin.gr.jp/
「任意後見契約」
https://www.koshonin.gr.jp/business/b02

〈法務省・法務局〉

「法務省　成年後見制度・成年後見登記制度」
https://www.moj.go.jp/MINJI/minji95.html
「法務省　登記 - 成年後見登記 -」
https://www.moj.go.jp/MINJI/seinenkoukentouki.html
「法務局　成年後見登記」
https://houmukyoku.moj.go.jp/homu/static/goannai_index_seinenkouken.html
「東京法務局　成年後見登記」
https://houmukyoku.moj.go.jp/tokyo/category_00006.html

〈相談窓口〉

「日本弁護士連合会」
https://www.nichibenren.or.jp/
「日本弁護士連合会　高齢者・障害者に関する法律相談窓口」
https://www.nichibenren.or.jp/legal_advice/search/other/guardian.html
「大阪弁護士会　高齢者・障害者総合支援センター「ひまわり」」
https://soudan.osakaben.or.jp/himawari/index.php
「東京弁護士会　高齢者・障がい者総合支援センター（オアシス）」
https://www.toben.or.jp/bengoshi/center/madoguchi/oasis.html
「第一東京弁護士会　成年後見センター「しんらい」」
https://www.horitsu-sodan.jp/soudan/shinrai.html
「第二東京弁護士会　高齢者・障がい者総合支援センター「ゆとり～な」」
https://www.horitsu-sodan.jp/soudan/yutorina.html
「公益社団法人　成年後見センター・リーガルサポート」
https://www.legal-support.or.jp/
「社会福祉法人　全国社会福祉協議会」
https://www.shakyo.or.jp/
「日本社会福祉士会　権利擁護センター「ぱあとなあ」」
https://www.jacsw.or.jp/citizens/seinenkoken/

事項索引

《執筆者一覧》

弁護士　井上　　元

OSAKA ベーシック法律事務所

〒541-0042　大阪府大阪市中央区今橋4-3-6　淀屋橋 NAO ビル 3 階

弁護士　那須　良太

那須法律事務所

〒564-0051　大阪府吹田市豊津町10-34　井門江坂駅前ビル 7 階

弁護士　飛岡恵美子

飛岡法律事務所

〒530-0047　大阪府大阪市北区西天満6-7-4　大阪弁護士ビル 8 階810

Q&A任意後見入門〔第2版〕

令和5年9月18日　第1刷発行

定価　本体2,500円＋税

著　　　者　井上　元・那須良太・飛岡恵美子

発　　　行　株式会社　民事法研究会

印　　　刷　藤原印刷株式会社

発 行 所　株式会社　民事法研究会

〒151-0073　東京都渋谷区恵比寿3-7-16

〔営業〕TEL 03(5798)7257　FAX 03(5798)7258

〔編集〕TEL 03(5798)7277　FAX 03(5798)7278

http://www.minjiho.com/　info @ minjiho.com

令和5年4月施行の改正民法に対応して大幅改訂！

相続人不存在の 実務と書式〔第4版〕

水野賢一　著

A5判・358頁・定価4,180円（本体3,800円＋税10%）

▶改正民法（令和5年4月施行）により大幅に見直された相続財産の管理・清算等の手続に対応して全面的に改訂増補！

▶令和5年4月施行の改正民法下での相続財産清算人について、選任、財産目録の作成・提出をはじめとする相続財産管理の実務、弁済などについて書式を織り込み詳解するとともに、相続財産の保存のための相続財産管理人についてもわかりやすく解説！

▶遺言執行者、特別代理人、所有者不明土地管理人・所有者不明建物管理人、死後事務委任契約の受任者などの関連手続にも論及し、手続選択の指針を提示！

▶実務上留意すべき判例については、コラムにて事案の概要や判旨をわかりやすく紹介するとともに、書式は通常のものと家庭裁判所備付用紙のものの両方を掲載しているので、実務に至便！

本書の主要内容

第1章　相続財産の管理・清算
第2章　相続財産法人の成立
第3章　特別代理人、所有者不明土地管理人・所有者不明建物管理人等の選任
第4章　相続財産の保存のための相続財産管理人の選任
第5章　相続財産清算人の選任
第6章　相続債権者および受遺者への請求申出の公告・催告
第7章　相続財産管理の実務
第8章　権限外行為の許可
第9章　弁　済
第10章　相続人の出現
第11章　特別縁故者に対する相続財産の分与
第12章　共有（準共有）者、共同相続人への帰属
第13章　相続財産清算人（相続財産の保存のための相続財産管理人）の報酬
第14章　国庫帰属
第15章　任務の終了
・判例索引

HPの商品紹介は
こちらから→

発行　民事法研究会

〒150-0013　東京都渋谷区恵比寿3-7-16
（営業）TEL. 03-5798-7257　　FAX. 03-5798-7258
http://www.minjiho.com/　　info@minjiho.com

日本司法書士会連合会会長・小澤吉徳氏推薦！

所有者不明土地
解消・活用のレシピ
―令和3年改正民法・不動産登記法の徹底利用術―

中里　功・神谷忠勝・倉田和宏・内納隆治　著

A5判・361頁・定価 3,960円（本体 3,600円＋税 10％）

▶所有者不明・管理不全・遺産共有の不動産を活用するために、手続選択や申立手続上の留意点について、裁判手続や難易度の高い相続手続に対する経験豊富な著者4名で議論する様子を再現し、令和5年4月施行の改正法を上手に使いこなすための“秘伝のレシピ”になぞらえて解説！

▶著者らが実際に相談を受けた事案を題材とし、現行法での解決策の紹介、改正法による手続を選択した場合の改正条文へのあてはめ、現行法による解決策との比較を検討することにより、改正法を実務でいかに使いこなすかを模索！

▶民法・不動産登記法はもちろん、申立ての具体的な手続を定めた非訟事件手続法、家事事件手続法、不動産登記令、最高裁判所規則（共有に関する非訟事件及び土地等の管理に関する非訟事件に関する手続規則）にも言及！

本書の主要内容

第1章　所在等不明共有者の持分取得のレシピ

第2章　所有者不明土地管理命令のレシピ

第3章　管理不全建物管理命令のレシピ

第4章　共有物変更許可決定のレシピ

第5章　共有物管理許可決定のレシピ

第6章　相続財産管理制度のレシピ

第7章　休眠担保権等の抹消登記のレシピ

HPの商品紹介は
こちらから↓

発行 民事法研究会

〒150-0013　東京都渋谷区恵比寿 3-7-16
（営業）TEL. 03-5798-7257　FAX. 03-5798-7258
http://www.minjiho.com/　info@minjiho.com